놀랍구나! 2022월드컵,
한국 우승이라니!

떠오르는 세계의 용, 대한민국

이 책은 대한민국의 번영과
세계 평화를 기원하는 여러 사람의 기부금으로 만들어졌습니다

놀랍구나! 2022월드컵, 한국 우승이라니!

펴 낸 날   2020년 5월 16일

지 은 이   카라
펴 낸 곳   (도서출판)멘탈파워
제   작   생각나눔
표지디자인 생각나눔
출판등록   제 2020-000009
등록일자   2020년 3월 9일
주   소   대전, 동구 동대전로264번길 35, 흑룡캐슬306호
전   화   02-325-5100
이 메 일   ilmuin@naver.com

· 책값은 표지 뒷면에 표기되어 있습니다.
  ISBN 979-11-969945-0-1 (03190)

Copyright ⓒ 2020 by 카라 All rights reserved.
· 이 책은 저작권법에 따라 보호받는 저작물이므로 무단전재와 복제를 금지합니다.
· 잘못된 책은 구입하신 곳에서 바꾸어 드립니다.

놀랍구나! 2022월드컵, 한국 우승이라니!

- 떠오르는 세계의 용, 대한민국

카라 지음, 평화 감수

출간 전부터 큰 반응을 몰고 온 그 책!
세계 축구 강국을 제압할 신비한 화제의 신간

자의 축적된 내공으로 스포츠 멘탈의 경을 획기적으로 깊고 높게 길어 올 특별한 지침서. 지금 바로 경기력을 신하고 싶은가? 이 책에 있다.

-김기호(축구 코칭론, 슈팅 등의 저자)

개막전과 한국팀 결승전이 벌어질 루사일 스타디움

* 이 사진을 보는 사람의 뇌세포에서는 인(燐, P)의 폭빌과 시냅스 간의 화학적 반응으로 전자기 파동이 발생하며, 그 정보를 지닌 전자기력은 신경계를 통해 전신에 퍼지고 공간으로 방사되어 생각하는 대상과 자기력으로 연결된다. 월드컵 우승을 골똘히 생각하면 그에 관련된 직관과 영감, 정보와 아이디어들이 고구마 덩굴처럼 줄줄이 나타난다. 그것은 생각 하나하나가 질량과 파동으로 작용하는 MMPS(Mental Magnetic Power System, 정신자기력 체계- 이하 MS 정신력 시스템으로 약칭)의 씨앗으로 한국이 월드컵 우승하는 에너지장의 진동을 만들어낸다.

개막전과 한국팀 결승전이 벌어질 루사일 스타디움

* 일러두기

이 책에 사용된 사진과 이미지들은 연합뉴스, AP 외신, 셔터스톡 등에서 사용료를 지불하고 받은 것이며, 일부 도저히 출처를 알 수 없는 사진에 대해서는 저작권자를 찾지 못했습니다. 혹여 저작권 있음을 알려주시면 2쇄부터 반영하겠으니 양해 바랍니다.

이 책을 한국 축구 발전을 위해 헌신해 온
모든 축구인과 K리그 축구팬들, 붉은악마응원단과
A매치를 즐기는 국민들에게 바친다.
한국의 월드컵 우승을 원하는 분들께 경의를 표한다.

들어가는 글

만일 누구든 책을 쓰려고 한다면 자기만 알고 있는 것을 쓰도록 하라. 내가 아는 것은 이제 질색이니까.

요한 볼프강 폰 괴테(독일 작가, 철학자)

지금으로부터 46년 전, 필자는 1974년의 서독월드컵 결승전에서 프란츠 베켄바워 vs 네덜란드 요한 크루이프의 대결을 흥미롭게 지켜보며 한국월드컵 우승의 꿈★에 점을 찍었다. 그 점은 세월이 흐르며 1983년 청소년대회 4강으로 선이 되어 나타나고, 1986년 멕시코월드컵부터 본선에 9연속 진출, 2002년에는 한일월드컵 4강이라는 한 면으로, 2012년 올림픽 동메달이라는 다른 면과 2019년 U-20 대회 준우승의 면이 되어 나타났다. 이제『한국이 2022 카타르월드컵에서 우승하는 멘탈 비법』이라는 내용으로 입체를 만들어 현실에서 나타내고자 한다.

알베르트 아인슈타인이 "상상력은 여러분의 인생에 앞으로 다가올 멋진 일의 예고편과 같다."라고 했는데, 상상(imaging)하는 것은 상상력을 사용(imagining)하는 것과 다르다. 한국대표팀이 월드컵 우승하도록 상상력을 사용하는 그 유력한 도구로써 MS의 메커니즘을 소개하며, 한국이 월드컵 우승하는 추월 차선의 대장정에 나서는 것이다.

나는 왜 대한민국의 월드컵 우승을 원하는가?

새로운 기회는 새로운 관점에서 창출되고, 준비하는 자는 기회를 만들며, 준비된 자가 기회를 잡을 수 있기 때문이다.

– 한국이 MS(멘탈 시스템)를 적극적으로 활용하여 2022년 카타르 월드컵에서 우승하면 명실상부하게 축구와 올림픽을 통해 세계를 리드하는 국가로 변모하면서, 인류 형제애의 홍익인간 재세이화라는 건국이념을 구현하는 실질적인 동력이 형성될 것이다.

– 한국이 MS(상념 체계)를 기반으로 월드컵 우승하면 장기 하락국면에 진입한 한국 경제에 축구와 스포츠 관련 산업이 기폭제가 되어

새로운 활력을 가져올 수 있을 것으로 본다.

- 한국이 MS(지성 체계)를 활용하여 월드컵 우승하면 미·중·일·러의 영향력을 배제하고 평화적인 남북통일을 주도적으로 해결해갈 수 있는 또 하나의 원동력이 될 것으로 생각한다.

- 한국이 MS(멘탈 스킬)의 상상력으로 월드컵 우승하면 보다 많은 사람들이 생각과 감정을 스스로 통제하는 방법을 배워 국민건강증진과 행복한 삶을 사는 데 보다 큰 힘이 될 것이다.

대한민국 월드컵 우승!

이 얼마나 가슴 벅찬 명제인가? 우승의 장면, 아니 4강을 가만히 생각만 해보아도 감동을 주체할 수 없는 사람들도 많을 것이다. 우리는 2002년 한일월드컵에서 한국대표팀 경기에 조금이나마 관심 있는 국민이라면 한 달간 가슴 벅찬 환희를 맛보았다. 각 언론에서는 단군

이래 한민족 역사상 최대의 사건이라고 대서특필하며 사회적 통합을 이루었다. 그 이후 4년 마다 벌어지는 월드컵에서 다시 그 환희를 맛보고자 하나 아직 그만한 성과를 이루지는 못하고 있는 게 현실이다.

이미 월드컵 우승을 경험한 8개국(우루과이, 이탈리아, 독일, 브라질, 잉글랜드, 아르헨티나, 프랑스, 스페인)외에도 준우승만 3번에 그친 네덜란드, 포르투갈, 벨기에, 덴마크, 스웨덴, 크로아티아 등의 세계 강호들을 모두 물리치고 우승을 차지한다는 것은 어느 국가에도 결코 쉬운 일은 아니다. 그러나 우승국은 미리 정해져 있는 것이 아니고, 매번 대회 때마다 이변은 발생한다. 지난 U-20 대회에서 우리 청소년대표팀이 준우승을 했는데, 대한민국 A대표팀도 이제 월드컵 우승할 수 있는 독자적인 접근법과 차별화된 훈련방식으로 충분히 우승할 수 있다고 믿는다. 어떻게 우승할 것인가의 결단이 필요할 뿐이다. "인간은 스스로 생각하는 만큼의 존재이다. 마찬가지로, 한국 축구는 스스로 생각하는 만큼의 축구 존재감을 나타낼 수 있는 법이다. 이제 대한민국 월드컵 우승을 당연하게 받아들일 수 있도록 그 진동에너지 장을 만들어 나가자. 선수의 실력은 그의 모든 에너지가 응결되어 나타나는 것이요, 대표팀의 경기력은 관련된 모든 진동에너지가 물질화된 생각들이다."

이 책에 등장하는 용어들, 한국 월드컵 우승에 뛰어든 에너지-질량보존의 법칙, 양자역학, 초끈 이론, 통일장, 뇌과학, 통합심리학, 성경, 반야심경, 일체유심조, 영혼, 절대자, 주의 기도, 원샷원킬의 비밀 등등은 축구전문가라면 사용하기 어려운 용어들일 것이다. 또한, 상념의 전자기적 에너지에 대한 세밀한 묘사 등은 지나치게 비약적인 내용이 아닌가 하는 시각도 있으리라. 나의 상식은 누군가에게는 비상식일 수 있다. 그러나 모든 내용은 확실한 자료에 근거하여 필자의 멘탈 파워(멘탈 근육)로 축구에 적용한 것이며, 필자는 축구전문가가 아니기에 통섭을 시도하는바, 독자 여러분의 양해를 구한다. 또한, 원샷원킬의 비밀 등은 필자의 평생을 통해 축구하면서 정확히 검증한 내용이며, 빛의 보호막은 누구라도 그렇게 실행하면 효과를 체득할 수 있는 명상기법임을 밝힌다.

"미래의 제국은 정신의 제국일 것이다."

윈스턴 처칠(영국 총리)

여기서 질문 하나 드립니다. 2022년 카타르월드컵에서 한국이 우승한다면, 어떤 분야들에서 큰 발전이 있고, 누구에게 많은 혜택이 돌아가리라고 생각하십니까?

감사의 말씀

"존재하는 모든 것은 서로를 돕기 위해 있는 것이다."라는 말은 삼라만상 모두에게 꼭 들어맞는 진리이다. 60을 훌쩍 넘겨 70을 바라보면서 이제 철이 들기 시작하는 것 같다. 살아오면서 무수한 실패와 어려움을 겪은 것은 대부분의 사람에게 그렇지 않으랴마는, 필자는 참으로 세상에 베푼 것보다 받은 것이 너무나 많다. 이제 조금씩 갚으며 살고자 하는 마음에 이 책을 낸다.

무엇보다도 가정을 잘 지키며 늦둥이 아들을 훌륭히 키우고 남편에게 힘이 되어준 사랑하는 아내에게 감사합니다. 평생의 선생님이요, 실천적 수행자이신 평화님과 오랜 도반들에게도 감사의 마음을 전합니다. 어려서부터 갖가지 희로애락을 함께 해온 벗무리, 심우회, 평사모 친구들, 그리고 문장을 깔끔하게 다듬어준 젊은 작가 '흐르는 달님'과 '베다님', 끝까지 묵묵히 수고해주신 편집진들께도 고마운 마음을 전합니다.

추천사

저는 1990년부터 지난 30년간 한국을 살리는 다양한 프로그램들을 만들고 책과 잡지를 출판하면서 한국의 발전과 통일을 항상 염원해왔고, 그리고 사단법인 유라시안 네트워크의 고 이민화 카이스트 교수님과 함께 과거 광개토왕과 같은 시절이 다시 한국에서 만들어지기를 고대하는 사람 중 한 사람이었습니다.

그러나 한국이 강하게 도약할 시점에 우리는 IMF라는 고비를 맞이했습니다.

1990년부터 항상 염원해온 일 중 가장 중요한 일은 우리나라의 통일이었습니다. 그 통일에 일조하는 마음으로 잠재력을 계발하는 책들을 만들고, 그러한 연구와 프로그램을 바탕으로 1998년 IMF 시점부터 한국 각 분야의 전문가들과 기업인들을 만나면서 한국을 도약시키는 프로그램들을 진행했으나 고대의 지혜와 현대의 위기 상황들이 융합되고 녹아 들어가서 어우러지기가 쉽지는 않았습니다.

2000년을 기점으로 다시 20년이 지난 2020년 지금의 시점에 한국이 이제는 도약할 바탕이 다져졌고, 코로나19를 거치면서 한국의 위상이 점점 올라가고 있기에, 지난 30년간 연구하고 준비해 온 한국을 살리는 다양한 프로그램들을 가동하는 것이 이제는 가능한 '티핑 포인트'에 놓였다고 느껴집니다.

　2002년 한국이 월드컵에서 우승할 가능성이 있었지만 아쉽게 우승을 하지 못했습니다. 그 이후로 한국에 많은 가능성과 잠재력이 활성화되었고, 현재 세계의 제반 여건은 한국이 성장할 수 있는 바탕이 만들어졌기에 월드컵에서 우승하는 것이 가능한 상황들이 지금 숙성되고 있습니다.

　이 책의 필자는 평생의 취미이자 숙원이 축구이고 한국이 월드컵에서 우승하는 것입니다. 축구는 인류의 번영과 의식 향상에 깊숙이 자리 잡은 단일스포츠이고, 월드컵은 최첨단산업, 과학, 마케팅, 초일류 기업들이 촉각을 내세우고 있는 인류 최대의 축제입니다.

저자는 평생 축구를 사랑하고 발전을 위해 노력해온 비선수 출신 축구인이요 명상가이고,

'대한민국 월드컵 우승'이라는 놀라운 선언으로, 코로나19 이후의 세계에 새로운 이정표가 될 MS(멘탈 시스템)를 정립했습니다.

이에 제가 오랜 시간 준비해 온 대한민국을 번영시키고 한국이 세계를 선도하는 국가가 되는 '아리안 500 프로젝트' 프로그램과 일맥상통하는 강한 시너지가 있기에 이 책을 강력하게 추천하는 바입니다.

2020년부터 앞으로 3년은 한국이 크게 도약할 절호의 기회입니다. 따라서 이 책은 『소원을 들어주는 도깨비 마법사 지니』책과 함께 한국을 부강하게 만들고, 통일의 흐름을 가속화하며, 그러한 에너지의 발산에 의해서 결국 한국이 월드컵대회 우승하는 국가가 되는 것이 가능할 수도 있다는 것을 여러분들이 인지하게 만들어드릴 겁니다.

충무공 이순신 탄생일 다음날
4월 29일 낮 12시 평화 드림

추천사를 써주신 평화님과 그 외 직접 거명하지 못한 많은
분들께도 감사의 말씀을 드립니다.

〈등장인물 소개〉

치우천왕 "대~한민국! 짝짝~짝 짝짝!"으로 유명한 붉은 악마 응원단의 원형', 고대 한국의 최고 영웅, 전쟁의 신으로 불림.

사커니아 축구에 관계된 모든 사람과 사물에 ± 에너지를 안겨주는 축구의 요정.

지니 알라딘의 램프에서 나와 물질화한 상념체 같은 존재로 막강한 초능력 있음.

카라 저자 영혼의 이름으로 인터넷상의 닉네임.

part 1

한국 축구 월드컵 올림픽 도전 역사 화보

한국 축구 월드컵 올림픽 도전 역사 화보

◇ 1954년 스위스월드컵(제5회)

서독 우승

대한민국 대표팀

감독 이유형
대한민국 0:9 헝가리
대한민국 0:7 터키

* 실력 차이로 대패한 것이 아니라 장거리 여행에서 회복할 시간도 없이 경기를 치른 원인 때문에 크게 패함.

◆ 1976년 세계대학축구선수권대회(우루과이)

대한민국 우승

감독 김지성
〈3조 예선〉
대한민국 1:1 프랑스, 대한민국 2:1 브라질, 대한민국 4:0 칠레
〈8강전〉
대한민국 3:3 세네갈(승부차기 5:4 승)
〈4강전〉
대한민국 2:1 네덜란드
〈결승전〉
대한민국 2:1 파라과이(몰수패)

◇ 1983년 멕시코 세계청소년축구대회

브라질 우승

대한민국 4위
〈A조 예선〉
대한민국 0:2 스코틀랜드
대한민국 2:1 멕시코
대한민국 2:1 호주
〈8강전〉 대한민국 2:1 우루과이
〈4강전〉 대한민국 1:2 브라질
〈3·4위전〉 대한민국 1:2 폴란드

◈ 1986년 멕시코월드컵(제13회)

아르헨티나 우승

감독 김정남
〈A조 예선〉
대한민국 1:3 아르헨티나
대한민국 1:1 불가리아
대한민국 2:3 이탈리아

* 예선 경기마다 세계 강호들을 상대로 골을 넣었다는 사실!

◆ 1990년 이탈리아월드컵(제14회)

서독 우승

감독 이회택
〈E조 예선〉
대한민국 0:2 벨기에
대한민국 1:3 스페인
대한민국 0:1 우루과이

◇ 1991년 유니버시아드대회(영국)

대한민국 우승

감독 배기면
코치 강병찬
〈선수단〉
홍명보 조용국 정기영 양동연 김진현 이종철 김동식 유동우 배수현 김기철 정재권 최성윤 송순 박지호 김기선 김종건 최태호 최진규(이상 18명)
〈결승전〉
대한민국 0:0 네덜란드(승부차기 5:4 승)

출처: 위키백과

◆ 1994년 미국월드컵(제15회)

브라질 우승

감독 김호
〈C조 예선〉
대한민국 2:2 스페인
대한민국 0:0 볼리비아
대한민국 2:3 독일

◇ 1998년 프랑스월드컵(제16회)

프랑스 우승

감독 차범근
〈E조 예선〉
대한민국 1:3 멕시코
대한민국 0:5 네덜란드
대한민국 1:1 벨기에

◇ **2002년 한일월드컵(제17회)**

브라질 우승

대한민국 4위
감독 거스 히딩크
〈D조 예선〉
대한민국 2:0 폴란드
대한민국 1:1 미국
대한민국 1:0 포르투갈
〈16강전〉
대한민국 2:1 이탈리아
〈8강전〉
대한민국 0:0 스페인(승부차기 5:3 승리)
〈4강전〉
대한민국 0:1 독일
〈3·4위전〉
대한민국 2:3 터키

◆ 2006년 독일월드컵(제18회)

이탈리아 우승

감독 딕 아드보카트
〈G조 예선〉
대한민국 2:1 토고
대한민국 1:1 프랑스
대한민국 0:2 스위스

◇ 2009년 유니버시아드대회(세르비아 베오그라드)

대한민국 여자팀 우승

감독 안익수
〈결승전〉
대한민국 4:1 일본

◆ 2010년 남아공월드컵(제19회)

스페인 우승

대한민국 16강 진출
감독 허정무
〈B조 예선〉
대한민국 2:0 그리스
대한민국 1:4 아르헨티나
대한민국 2:2 나이지리아
〈16강전〉 대한민국 1:2 우루과이

◆ 2010년 여자U-17월드컵대회 (트리니다드 토바고)

대한민국 우승

감독 최덕주
〈B조 예선〉
대한민국 3:1 남아프리카공화국
대한민국 4:1 멕시코
대한민국 0:3 독일
〈8강전〉
대한민국 6:5 나이지리아
〈준결승전〉
대한민국 2:1 스페인
〈결승전〉
대한민국 3:3 일본(승부차기 5:4 승)

◈ 2012년 런던올림픽

멕시코 금메달

대한민국 동메달
감독 홍명보
〈B조 예선〉
대한민국 0:0 멕시코
대한민국 2:1 스위스
대한민국 0:0 가봉
〈8강전〉 대한민국 1:1 잉글랜드(승부차기 5:4 승)
〈준결승전〉 대한민국 0:3 브라질
〈3·4위전〉 대한민국 2:0 일본

◇ 2014년 브라질월드컵(제20회)

독일 우승(4회)

감독 홍명보
〈H조 예선〉
대한민국 1:1 러시아
대한민국 2:4 알제리
대한민국 0:1 벨기에

◆ 2018년 러시아월드컵(제21회)

프랑스 우승(2회)

감독 신태용
〈F조 예선〉
대한민국 0:1 스웨덴
대한민국 1:2 멕시코
대한민국 2:0 독일

2019년 U-20 월드컵대회(폴란드)

우크라이나 우승

대한민국 준우승
감독 정정용
〈F조 예선〉
대한민국 0:1 포르투갈
대한민국 1:0 남아프리카공화국
대한민국 2:1 아르헨티나
〈16강전〉
대한민국 1:0 일본
〈8강전〉
대한민국 3:3 세네갈(승부차기 3:2 승)
〈4강전〉
대한민국 1:0 에콰도르
〈결승전〉
대한민국 1:3 우크라이나

◇ 2022년 카타르월드컵(제22회)

대한민국 우승

감독: 파울루 벤투
〈A조 예선〉
대한민국 3:1 잉글랜드
대한민국 4:2 세네갈
대한민국 4:1 덴마크
〈16강전〉
대한민국 5:2 네덜란드
〈8강전〉
대한민국 3:2 아르헨티나
〈준결승전〉
대한민국 3:1 독일
〈결승전〉
대한민국 4:2 브라질

* 경기 승패를 좌우하는 요소들과 대회 우승 향배를 가르는 요인들은 셀 수 없이 많다. 그러나 가장 확실한 것은 골 결정력이 아니겠는가?

목차

들어가는 글 · 9
감사의 말씀 · 15
추천사 · 16

PART 1
한국 축구 월드컵 올림픽 도전 역사 화보 · · · · · · · · · · · · 23

PART 2
1. 월드컵 우승의 신, 치우천왕(붉은악마)을 만나다 · · · · · · 47
2. 축구는 왜 멘탈게임인가? · · · · · · · · · · · · · · · · · 69
3. 멘탈이 작용하는 보이지 않는 경기력 사례들 · · · · · · · · 72
4. 한국 축구, 눈부신 발전/호랑이 등에 날개를 달아라 · · · · · 103
5. 멘탈파워를 사용하여 경기력을 끌어올리는 방법 · · · · · · · 107

6. 이미지 트레이닝 방법론 · · · · · · · · · · · · · · · 125

7. 미래를 바꾸는 이미지트레이닝 효과 극대화 3단계 · · · · · 129

8. 슈팅 훈련이 아니라 골 넣는 훈련을 하라/실전처럼 연습처럼 · · 132

9. 원샷원킬 최고의 비밀/믿을 수 없지만 사실이다 · · · · · · 141

10. 천억 원의 가치가 있는 원샷원킬 프로그램 · · · · · · · 146

11. 세계 명장들도 모르는 골 넣는 습관 만들기 · · · · · · · 158

12. 부상 방지와 신속한 회복/면역력 최강인 빛의 보호막 · · · · 166

13. 생각은 물질이다(Thoughts are things) · · · · · · · 171

14. 생각하는 것(Thinking)과
    상상력(Imagination)을 사용하는 것은 다르다 · · · · · 178

15. 하늘이 돕는 자/하늘을 돕는 자 · · · · · · · · · · · 188

16. 운이 작용하는 기전과 운을 만드는 방법/
    운도 정확히 실력이다. · · · · · · · · · · · · · · 193

17. 귀와 콧구멍이 두 개인 이유/호흡의 비밀과 감사랑 호흡법 · · 202

18. 일체유심조/진동하는 초끈이론 · · · · · · · · · · · 213

19. 한국이 월드컵 우승하면 세상은 이렇게 변한다 · · · · · · · 222

20. 직관과 영감/MMPS(Mental Magnetic Power System,

    정신자기력체계) 다양한 활용법 · · · · · · · · · · · · · · 232

21. 노자와 공자에게 배우는 승리의 비밀/

    생각의 주파수 600조(兆)Hz/플랑크 상수 · · · · · · · · · · · 237

22. 월드컵 우승의 진동에너지 장을 키워라 그리고 즐겨라 · · · · 282

한국의 붉은 악마들에게 고함 · · · · · · · · · · · · · · · · · · · 287

2권을 준비하며 · 290

부록1 – MS교육프로그램 · · · · · · · · · · · · · · · · · · · 294

부록2 – 아리안 500 프로젝트 · · · · · · · · · · · · · · · · · 296

〈참고서적〉 · 301

part 2

한국 월드컵, 우승 멘탈 비법

1. 월드컵 우승의 신, 치우천왕(붉은악마)을 만나다

"너는 왜 월드컵 우승을 원하느냐?"

어느 날 문득 섬광 같은 번뜩임이 뇌리를 스쳤다. 그러나 너무 작은 소리였고 순식간에 사라졌기에 마음에 두지는 않았다. 시시때때로 쏟아져 나오는 정보의 홍수 속에서 스쳐 지나간 것이다. 그 후 어느 날, 막 잠에서 깨어 몽롱한 와중 그 소리가 또 들렸다. 이번엔 분명했다.

"너는 왜 월드컵 우승을 원하느냐?"

"뭔 소리야?"

의아한 생각이 들었으나, 그 날도 바쁜 일과를 앞두고 있었기에 그냥 흘려버리고 말았다.

읽으려고 사 놓은 책들도 쌓여 있고, 새롭게 접하게 된 고대 지혜를 계속 공부하기도 쉽지 않은 데다가, 날마다 일해야 해서 정신이 없던 탓도 있을 터였다. 게다가 나의 평생 숙원인 한국의 월드컵 우승을 위한 갖가지 노력에 머리는 복잡하고 마음도 싱숭생숭했다. 그래도 마음 깊은 곳에서는 한국도 월드컵에서 우승할 수 있다는 간절한 소망과 믿음은 세월이 흐를수록 강해졌고, 결코 사라지지 않았다. 축구에 관한 책들을 열독하고 인터넷으로 월드컵 자료들을 검색하면서 점점 구체적인 방법들을 정립해 나가고 있었던 것이다. 그런데 마침내

사건이 터졌다.

꿈속에서 한국이 월드컵 우승할 수 있는 비책이 아련하게 떠오르는 순간, 마치 천둥처럼 귓전을 때리는 웅장한 소리가 들렸다.

"너는 왜 월드컵 우승을 원하냐고?"

"누구야?"
깜짝 놀라 벌떡 일어났다.
잠시 후 위엄 있는 음성이 다시 들려왔다.
"두려워하지 말라. 너는 왜 한국의 월드컵 우승을 원하는 게냐?"
"그거야 내가 평생을 바라온 소원이고, 축구를 좋아하는 사람이면 누구나 원하는 것 아닌가요? 그런데 당신은 누구신가요?"

치우천왕 (눈앞이 환해지면서) 짜잔!
카 라 앗! 당신은 붉은악마 치우천왕(자오지환웅)이 아니십니까?
치우천왕 그렇다.
카 라 어떻게?
치우천왕 그대가 불렀기 때문이지.
카 라 제가요?
치우천왕 그래.

이렇게 하여 자칭 치우천왕과의 대화가 시작되었다.

1. 월드컵 우승의 신, 치우천왕(붉은악마)을 만나다

카 라   제가 한국 축구의 월드컵 우승을 위해 붉은악마의 역할에 관한 많은 생각을 한 것은 사실이지만 당신을 부른 것은 아닌데요.

치우천왕   날 생각하든, 돈을 생각하든 생각을 많이 한다는 것은 에너지를 응결시켜 물질로 나타나게 하지. 생각은 물질이다(Thoughts are things)라고 하지 않느냐? 나의 잠재의식과 그대의 잠재의식뿐만 아니라 모든 인류의 잠재의식은 연결되어 있다. 사랑이란 그렇게 많이 생각하는 것이며, 마음을 다하고, 목숨을 다하여 가슴 깊이 사랑할수록 진정한 사랑은 우러난다. 절대자의 무한한 사랑이 그렇게 온 우주를 하나로 만들고 있지.

카 라   그럼 당신이 붉은악마임을 인정하는 건가요?

치우천왕   그건 아니지만 그대들의 염원과 상념이 그렇게 연관 지어 만들어냈을 뿐이다.

카 라   나비효과 같은 것인가요?

치우천왕   비슷하지만 여기에는 많은 과학적 법칙이 작용하고 있다.

카 라   과학적 법칙이라…. 예를 들면요?

치우천왕   에너지 질량-보존의 법칙과 멘탈 에너지 총량의 법칙이 가장 두드러지게 작용한다.

카 라   에너지 질량 보존의 법칙은 알겠는데, 멘탈 에너지 총량의 법칙은 잘 모르겠군요.

치우천왕   멘탈 에너지 총량의 법칙이란 사람들이 생각하고 말하는 하나하나가 양자적 에너지로 작용하고, 질량을 갖고 있어서 물리적 현상으로 결정되어 나타나는 법칙을 말한다.

카　라　그렇군요. 그런데 당신은 신인가요?

치우천왕　나는 신이고, 그대가 불러낸 치우천왕이다.

카　라　신이라면……?

치우천왕　그대가 원하는 무엇으로든지 생각하고 부르는 대로다.

카　라　…그럼 제가 기독교인이나 가톨릭 신자였다면 예수님 모습으로 나타났을 거라는 뜻인가요?

치우천왕　(끄덕)

카　라　제가 불교인이라면요?

치우천왕　그대가 부처를 좋아하면 부처의 모습으로, 관세음보살을 좋아하면 관세음의 모습으로.

카　라　이슬람교인이라면 알라신으로?

치우천왕　인샬라.

카　라　알겠습니다. 소위 불교의 화엄경에서 말하는 일체유심조라는 뜻이군요.

치우천왕　그렇다.

카　라　알았습니다. 이제 본론으로 들어가 보죠.

치우천왕　그대 마음대로.

카　라　시원시원하시군요.

치우천왕　나는 언제나 그대들이 원하는 대로 나타나고 작용하고 물현한다.

카 라 잠깐, 무엇이든지라고요?

치우천왕 그래.

카 라 그럼 지금 오만원권으로 변해서 당장 사용할 수 있게 해주세요.

치우천왕 …….

카 라 안 되나요?

치우천왕 세상의 질서를 어지럽히는 건 세상법으로도, 우주법으로도 금지다.

카 라 에이~.

치우천왕 이 자리에서 세상 질서를 무시하고 그대 뜻대로 해주면 당장은 좋겠지. 하지만 그대는 일을 안 하고 쉽게 돈을 불리려 할 것이고, 점점 큰 문제를 일으키게 되고, 결국은 그대에게도 다른 사람들에게도 헛된 욕심만 불러와 사회에 재앙이 되기 때문에 안 한다는 것이다. 황금알을 낳는 거위처럼.

카 라 …그런데 인도나 티벳의 성자들은 허공에서 물질을 만들어내어 보여주지않나요??

치우천왕 그건 성자들이 무분별하게 그러는 게 아니라, 사람들의 욕구를 들어주고 그들을 진리의 세계로 인도하기 위해서 잠깐 연출을 한 것뿐이다.

카 라 연출을 했다구요?

치우천왕 그래 연출이다.

카　라	그럼 예수님이 물을 포도주로 만들고, 오병이어 기적을 선보이고 불치병 환자들을 치료해준 것도 연출인가요?
치우천왕	그건 분명히 연출이었다. 단지 그대가 생각하는 그런 의미가 아니라, 인류를 지극히 사랑하여 진리의 길로 인도하기 위해 목숨을 희생한 우주적 드라마지. 우주적 농담, 우주적 드라마. 그런 말의 이면에 깃들어 있는 진리의 참모습에 대해 명상해보기 바란다.
카　라	우주적 드라마! 인생은 한 편의 영화와 같다는 말이 생각나는군요.
치우천왕	인생은 무한하게 기나긴 영혼의 여정에 있어서는 한 편의 드라마지.
카　라	…그런데 한국도 월드컵 우승할 수 있을까요?
치우천왕	할 수 있다.
카　라	언제쯤 가능할까요? 한 30년 후쯤?
치우천왕	다음 번에라도 가능하다.
카　라	2022년 카타르월드컵요?
치우천왕	그렇다.
카　라	당신이 보장하실 겁니까?
치우천왕	나는 보장하지 않는다. 내가 보장하면 그대들은 더 이상 노력을 안 하고 게을러지면서 일을 틀어지게 한다. 예언이 자주 빗나가는 이유지. 그렇기에 어떻게 하면 어떤 결과가 나온다는 것을 확실히 알고 있다고만 말할 뿐.

카　라　…한국이 2002년 한일월드컵에서 4강까지 간 건 무슨 의미가 있나요?

치우천왕　2002년 한일월드컵에서 한국인들이 보여준 대하드라마는 중대한 우주적 의미가 있다. '꿈★은 이루어진다'는 것을 증명했지 않느냐? 축구를 통해 전 국민이 하나 되어 무언가를 갈망하고 행복할 수 있다는 메시지를 보여준 것이다.

카　라　그 당시에는 대단하긴 했지요. 그런데 그 기운이 사그라 들었어요.

치우천왕　2002년의 꿈을 위해 오랜 세월 동안 수많은 선수와 협회 관계인이 심혈을 기울였고, 이후로도 계속 발전의 에너지가 응축되고 있다. 그런데 왜 더 높은 꿈을 꾸지 않는 거냐? 한국이 월드컵 우승을 못할 이유는 없다. 우승을 꿈꾸지 못할 핑계도 없다. 인류 역사상 '꿈같은 얘기를 하는 사람들이 결국 꿈같은 업적'을 이루어내지 않았던가? 그대들은 1894년에 동학혁명을 일으켰고, 100년 전에도 3·1 혁명을 통해 전 세계에 큰 감동을 주었으며, 4·19 혁명, 5·18 혁명, 2016년에도 촛불 혁명을 통해 대통령을 탄핵시키고 하야하게 만들어 새 정권을 탄생시켰지 않느냐? 근자에는 서초동 촛불, 광화문 촛불, 대단들 하지. 그 거대한 에너지를 어떻게 활용할 것인지 고민해보기 바란다.

카　라　2012년에는 올림픽 동메달, 2010년 U-17여자 우승, 2019년에는 U-20 대회에서 준우승도 했죠.

치우천왕　더한 사건도 만들어낼 수 있다.

카　라　더한 사건이라면?

치우천왕　월드컵 우승을 통해 MMPS(Mental Magnetic Power System, 정신자기력체계)의 힘을 널리 알리고, 정신의 힘으로 무엇이든지 할 수 있다는 것 말이다.

카 라 생각의 힘이 무엇보다 강하다는 것은 많은 선구자와 현자들이 설파했고, 수많은 책과 강연이 있었는데, 왜 한국은 월드컵 우승에 도전하겠다는 꿈조차 갖지 않는 것인지 안타까워요. 필리핀 속담에 "하려고 하면 방법이 보이고, 하지 않으려고 하면 변명이 보인다."라는 말이 있는데요.

치우천왕 뜻이 있는 곳에 길이 있다. 어떤 과업이든지 도전하는 자가 성취할 수 있다는 것은 지극히 상식적인 얘기다.

카 라 도전하고 시도하지 않으면 결코 아무것도 이룰 수 없지요. 도전이란 아름다운 태도이고, 한국의 월드컵 우승 도전은 위대한 도전이라고 생각하는데요. 우승을 하려면 우승할 수 있는 그릇을 갖추어야겠지요. 즉 우승할 수 있다는 멘탈을 지녀야 한다는 것이고, 그 멘탈이 우승 에너지장의 매트릭스를 형성한다는 것, 양자역학의 기초를 다진 현대물리학의 아버지 닐스 보어가 "전문가란 일어날 가능성 있는 모든 실패를 경험한 사람이다."라고 했는데 정말 축구에서도 그런 것 같네요.

치우천왕 그렇다. 도전과 실험 정신으로 월드컵 우승에 도전하고 쟁취하라.

카 라 좋은 말씀이긴 한데 그렇게 추진하려면 문제들도 많지요.

치우천왕 세상에는 얼마나 많은 문제 덩어리들이 사람들을 불행하게 만들고 고통스럽게 하는가?

카 라 그런 내용으로 몇백 권의 책을 써도 부족할 정도지요.

TV, 신문, 인터넷, 뉴스라는 게 온통 부정적인 소식들로 90% 이상을 채우고 있고…, 그 모든 불행을 바꾸어 인류의 행복으로 전환해가야 할 텐데, 수백만 년 동안의 인류 역사가 진행되어 오면서 많이 진보하고 변화하기도 했지만, 아직 전 세계 수십억의 인구가 하루하루 힘겹게 살고 있으며, 기아와 질병으로 죽어가는 사람들은 또 얼마나 많은지…….

치우천왕 한국은 월드컵 우승하여 세계인의 주목을 받고, 세계축구계를 리드하며 스포츠 산업에 변혁을 가져올 수 있다. 나아가 평화적인 남북통일을 주도적으로 가속하고, 세계 평화를 선도하며, 인류의 형제애를 고취해 보다 빠르게 지상낙원을 만들어 갈 수 있다.

카 라 한국이 월드컵 우승하여 지상낙원을 만들 수 있다구요?

치우천왕 할 수 있지.

카 라 그게 정말로 가능할까요?

치우천왕 가능하지. 만약 모든 인류가 단 한 순간이라도 서로를 신성한 사랑으로 바라본다면 세상의 모든 불행과 부조화는 사라질 것이다. 그렇게 되면 세상은 평화롭고 기쁨이 넘치는 천국으로 바뀐다.

카 라 알면서도 하지 못하는 거군요.

치우천왕 이제는 하나씩 성취해 가야 한다. 근거 있는 절대적인 확신은 우리가 가질 수 있는 가장 가치 있는 자산이다.

	우리가 성공할 것이라는 사실을 안다면 아무것도 그것을 막을 수 없다. 생각의 힘으로 전기도 발견하여 지금 세상을 이만큼이라도 밝게 만들지 않았느냐?
카라	그렇지요. 생각의 힘으로 원자를 분열시키는 방법을 알아내어 원자폭탄을 개발했구요.
치우천왕	그뿐인가? 인류 역사상 모든 위대한 발견과 발전은 모두가 생각의 힘으로 이루어냈다.
카라	컴퓨터, 전화에서 발전하여 스마트폰도 만들어냈지요.
치우천왕	우주에서 가장 강력한 힘은 생각의 힘이다. 우주를 창조한 힘은 창조주의 멘탈이니.
카라	그래도 핵폭탄이 가장 강한 것 아닌가요?
치우천왕	핵폭탄을 만들어낸 생각의 힘이 더 강하다. 핵폭탄을 마음대로 조절하는 것도 사람의 정신이지.
카라	인류 역사를 돌아보면 무수한 무기를 개발하고 전쟁을 일으킨 것도 인간의 정복욕이라는 멘탈의 부조화에서 비롯되었죠.
치우천왕	생각의 힘이 가장 강한 것임을 이제는 다시 자각해야 한다. 생각의 힘으로 ICBM 같은 전략핵무기도 무력화시킬 수 있다.
카라	…그러면 이제부터 한국이 월드컵에서 우승하려면 무엇을 어떻게 해야 하는지부터 논의해보죠.
치우천왕	월드컵 우승을 사랑하라.

카 라 월드컵 우승을 사랑하라는 말은 뭔가 신선한 느낌이긴 한데 좀….

치우천왕 그건 그대들이 사랑에 대해서 아직 잘 모르기 때문이다.

카 라 …….

치우천왕 누군가를 사랑하면 그 마음이 발생시키는 파동이 자신의 감정을 움직여 기분 좋게도 하지만, 싫어하거나 질투하면 그 파동이 자신을 감싸며 스스로 불행하게 만들기도 한다.

카 라 스스로 행복하게도 하고 불행하게 한다. 일체유심조라는 말이지요.

치우천왕 잘 아는구나. 정확히 그렇다.

카 라 알았어요. 아무튼 사랑에 대해서 자세한 설명을 부탁합니다.

치우천왕 사랑의 어원은 너희 국어학자(양주동 박사)가 밝혔듯이 사량(思量)으로부터 비롯되었다. 즉, 무엇을 사랑하면 그에 대해 생각을 하는 만큼 사랑한다는 말이지.

카 라 아기를 사랑하는 엄마는 늘 아기를 생각하고, 사랑하는 연인 사이에는 온통 상대에 대한 생각만 떠오르는 것처럼 말인가요?

치우천왕 그렇지.

카 라 돈을 매우 사랑하는 사람은 돈을 버는 일이라면 인정사정 볼 것 없이 돈을 벌기 위해 애쓰고, 깨달음을 얻고자 하는 구도자는 목숨을 걸고 수행하듯이요?

치우천왕 그렇다. 그런 것처럼 월드컵 우승을 사랑하라는 것이다.

카　라 월드컵 우승을 진정으로 사랑하면 자꾸 생각하게 되고, 어떻게 하면 우승할 수 있을까에 대한 아이디어가 떠오르고, 점점 더 현실적인 방법이 나타나게 된다는 것이지요? 끌어당김의 법칙으로요.

치우천왕 그렇다.

카　라 한 사람이 사랑하는 것보다 여럿이 사랑하게 되면 힘이 커질 것이고, 많은 사람들이 같이 사랑하게 된다면 그 사랑의 힘은 매우 커지겠지요.

치우천왕 그뿐만이 아니라 하늘은 스스로 돕는 자를 돕는다는 진리의 힘이 작용한다.

카　라 뜻이 있는 곳에 길이 있다?

치우천왕 그렇지.

카　라 단순히 월드컵 우승을 원한다는 희망은 누구나 가질 수 있지만, 진정으로 원한다면 그것을 위해서 할 수 있는 모든 노력을 다 기울여야겠지요?

치우천왕 당연하다. 그러므로 우승을 원하지만 말고 우승을 하겠다고 단호히 결심하라. 그러면 그 마음의 파동에 공명하는 방법들이 나타나고, 그 뜻에 동조하는 사람들이 서로 연결되어 힘을 더하면서 에너지장이 커진다.

카　라 그리 되면 나비효과처럼 많은 국민들이 월드컵 우승을

치우천왕	사랑하게 되어 우승이 현실로 나타난다는 것이겠군요.
치우천왕	그렇다. 그러므로 그대부터 월드컵 우승을 하겠다고 결단하라.
카 라	지금 결단합니다!
치우천왕	좋다. 이제부터 한국이 월드컵에서 우승할 수 있는 많은 아이디어가 유인력의 법칙으로 인해 점점 더 많이 나타날 것이다.
카 라	지금은 알 수 없지만, 많은 도움이 연결되고 나타나리라 예상되는군요.
치우천왕	예상되는 게 아니라 반드시 그렇게 된다. 담대하게 시작

하라.

카라 콩 심은 데 콩 나고 팥 심은 데 팥 난다는 속담대로 우승의 꿈을 심으면 우승이 열리겠지요.

치우천왕 심은 대로 거두리라는 그대들 성경의 문구도 있다.

카라 입력한 대로 출력된다는 말도 있구요.

치우천왕 꿈을 계속 간직하고 있으면 반드시 실현할 때가 온다.

카라 결단하면 신이 돕기 시작한다.

치우천왕 최선을 다하고자 결심하는 순간, 신도 감동을 한다.

카라 우승을 확고한 목표로 결단하면 지금은 결코 상상할 수 없는 여러 가지 일들이 그 목표를 성취하도록 도와준다는 것이지요?

치우천왕 그렇다. 결정의 순간을 시작으로 전 공간의 양자 에너지가 움직이면서, 미래에 발생할 수많은 사건들의 자기력(磁氣力) 흐름이 서로서로 연결되기 시작한다.

카라 자신에게 이런 일이 일어날 거라고 생각하지 못했던 온갖 종류의 예기치 않던 사건들과 만남과 물질적 원조가 나의 힘이 되어준다는 것이지요?

치우천왕 그렇다. 그래서 우주의 사랑은 바로 너희 과학자가 상상한 통일장이론에 잘 들어맞는다. 그 우주적 사랑을 형이상학에서는 신성한 영, 성령(Holy Spirit)의 힘이라고 표현하기도 하지.

카라 통일장? 성령의 힘? 굉장하군요. 그럼 지금부터 무엇을 해야 할까요?

치우천왕 이제부터 어떻게 하면 우승할 것인가 하는 과제만 생각하도록 하자.

카 라 잠깐만요. 왜 다른 사람들은 우승을 꿈도 꾸지 못할까요?

치우천왕 그게 그대가 해결해야 할 첫 번째 관건이다. 그동안 연구해온 자료들과 성과를 책으로 출간하여 알리고, 인터넷, SNS를 통해 많은 팬들과 국민에게 알려라. 그렇게 씨앗을 뿌리면 '한국도 월드컵에서 우승할 수 있다'는 희망의 싹이 트게 되고, 물과 거름을 주면서 보살피면 반드시 열매를 맺는다. 지성이면 감천! 오늘은 여기까지만 하지!

카 라 어, 저기 잠깐!

(치우천왕이 사라짐)

나는 월드컵에 관한 자료들을 열심히 수집하며 한국팀의 경기력을 향상시킬 수 있는 방법과 모든 경기에 이길 수 있는 필승의 대책을 강구하면서 다시 치우천왕을 만날 날을 기다렸으나, 그는 쉽게 모습을 나타내지 않았다. 그러던 어느 날, 한밤중 명상에 잠겨있는데 희미한 빛이 감돌며 그가 나타났다.

치우천왕 월드컵 우승비법을 잘 연구하

며 홍보를 하고 있느냐?

카　라　그게….

치우천왕　과거의 역사에서 배우는 것부터 시작해보아라. 2002년 4강 신화가 달성된 배경과 진행되었던 과정 등을 참고하면 많은 도움이 될 게야.

카　라　그렇지만 2002년 월드컵 4강을 한 번 달성한 이후에는 변변한 성적이 없는데, 그 4강이 무슨 의미가 있을까요? FIFA 랭킹은 그때 20위까지 올라갔다가 60위까지도 떨어지고 요즘은 오르내리고 있지요. 작년(2019)에는 59년 만에 아시안컵 대회 우승을 목표로 했지만, 그것도 실패하고 말았구요.

치우천왕　세계 어느 팀이든 잘할 때도 있고, 못할 때도 있는 것은 자연스러운 현상이다. 황금세대가 나타나 한 시대를 풍미하고 나면 한동안 침체기를 겪게 되고, 다시 세대 교체하여 경험과 열망의 에너지가 쌓이면 더 큰 성과를 보일 수도 있는 게 자연스럽지 않느냐? 만약 한국이 축구 강국으로 우뚝 서고 계속 영광을 유지하려거든 '골든 에이지 프로그램'을 기반으로 한 걸음 더 나아간 '태극전사 500 프로젝트'같이 대담무쌍한 중장기 계획을 수립하기 바란다.

카　라　'태극전사 500 프로젝트'라니요?

치우천왕　미래는 결정되어 있지 않고 언제든지 변할 수 있기 때문에 단기간의 변화에 흔들리지 않을 다이아몬드같이 굳건하고 점점 더 강해지는 중장기 프로젝트가 필요하다. 그런데 사람들은 관념에 사로잡혀 미래를 고정된 것으로 여기는 경향이 강하지. 승부의 세계에서는 영원한 강자가 없는 법이다. 정치, 경제, 사회…, 각 분야에서도 미래의 지도자들을 양성해내는 것은 꼭 필요한 프로젝트다.

카 라 그럼 한국대표팀이 2002년 4강, 2010년 16강을 달성했지만, 그 외에는 조별리그 탈락한 것도 큰 흠은 아니겠군요.

치우천왕 그렇다. 2018러시아 월드컵 우승국인 프랑스만 보아도 그렇지 않으냐?

카 라 그렇지요. 1998년에 프랑스월드컵에서 처음 우승하고, 2002년 한일월드컵에서는 디펜딩 챔피언으로 기대를 모았지만, 지단의 부상 등으로 큰 힘을 발휘하지 못하고

|치우천왕| 조별 리그 탈락이라는 씁쓸한 결과를 맛보았죠.
그뿐이냐? 2006년에는 중원 사령관이라는 지네딘 지단이 박치기 사건으로 퇴장당하여 결국 이탈리아에 지고 준우승에 머물고도 말았지.

|카 라| 2010년 남아공월드컵에서는 또다시 조별리그 탈락으로 국민들의 실망이 컸고.

|치우천왕| 2014년에는 8강에 오르더니, 드디어 첫 우승 20년만인 2018년에는 통산 두 번째 우승을 차지했지.

|카 라| 크로아티아의 경우를 보자면,
1998년 첫 4강에 3위를 차지했고,
그 후에는 계속 조별 리그 탈락.
2010년에는 아예 지역 예선 탈락.
2014년 본선 조별 리그 탈락하더니 드디어
20년만인 2018년에 준우승을 차지했으니 저력이 대단한 팀이네요.

|치우천왕| 그런데 한국 팀은 그보다 낫지 않으냐?

|카 라| 한국팀 전적을 살펴볼까요?

|치우천왕| 그러자. 한국은 2002년 4강 이후에도 계속 본선에 진출했고, 2010년에는 첫 원정 16강에 성공했으니 크로아티아보다는 성적이 나은 편이다.

|카 라| 그렇게 보면 한국도 2002년 이후 20년만인 2022년에는 큰일을 낼 수도 있겠군요.

치우천왕   당연하다. 그러니 먼저 희망을 품고 목표를 세워라. 미래는 도전하는 자의 것. 도전하는 멘탈이 필요하다. 결단하는 멘탈이 결과를 가져온다.

카 라   영원한 우승 후보라는 브라질의 경우는 어떻게 보면 될까요?

치우천왕   브라질은 2002년 우승 이후 계속 8강, 8강, 4강, 8강에 멈추었는데, 역시 지난 2002년 우승 이후 20년 만인 2022년에는 기대가 클 것이다.

카 라   묘하게도 20년 주기에 의미가 부여되는군요.

치우천왕   그렇지. 한국의 경우도 1983년 국제 청소년 축구대회에서 첫 4강에 오르고, 그로부터 19년 후인 2002년에 4강을 달성했다는 것은 우연만은 아니다. 그로부터 17년 만에 다시 U-20 월드컵에서 준우승을 하지 않았느냐?

카 라   그렇군요. 2022년을 기대해봐야겠네요. 결승전에서 브라질을 만나고 멋지게 승리하여 우리 선수들이 우승컵을 들어 올리는 장면을. 와우! 생각만 해도 엔도르핀이 솟아나는 것 같네요!

치우천왕   기대만 하지 말고 미래를 그대들의 것으로 만들어라. 미래란 결정되어 있는 것이 아니고, 언제나 현재 속에서 새롭게 잉태되고 있는 것. 월드컵의 주인은 결코 결정되어 있지 않다는 사실을 꼭 기억하고, 진정한 창조력인 상상력(Imagination)으로 결과를 만들기 바란다.

카 라   알겠습니다. 브라질에 이어 4회 우승한 독일을 살펴볼까요?

치우천왕 독일은 우승도 4번 했지만 준우승도 4번이나 했으니, 결과적으로 결승에 가장 많이 진출한 팀이다. 2014년 4강전에서 브라질을 7:1로 대파하여 브라질 국민들에게 치욕감을 안겨주고 우승한 독일이지만, 2018년에는 디펜딩 챔피언의 징크스를 극복하지 못하고 첫 경기에서 패하며 결국 조별리그 탈락이라는 결과를 가져왔다.

한국에 패한 뒤 믿을 수 없다는 듯 머리를 감싸 쥐는 독일 선수들

카　라 2차전에서 스웨덴에 1:0 승리했으나 3차전에는 한국에 0:2로 패하며, 독일 사상 첫 조별 리그 탈락을 맛보았지요.

치우천왕 그런데 여기에 중요한 비밀이 있다.

2. 축구는 왜 멘탈게임인가?

카 라 중요한 비밀이라니요?

치우천왕 축구는 멘탈게임이라는 말이 있지 않으냐?

카 라 그건 이영표 씨, 전 국가대표선수였고, KBS 해설위원, 스포츠혁신위원인 그가 말해서 유명한 내용으로 알려졌지요.

치우천왕 사실 모든 스포츠가 멘탈게임이며, 인생살이가 멘탈게임이다.

카 라 스포츠는 신체를 움직여야 하는 운동이니까 뇌 기능이 정상적으로 작동해야 한다는 의미에서 모든 스포츠가 멘탈게임이라는 뜻은 이해가 되는데, 인생살이가 멘탈게임이라는 말은 좀 이해가 안 되는군요.

치우천왕 처음 듣는 말은 개념이 형성되어 있지 않기 때문에 이해가 잘 안 되더라도, 두 번 세 번 듣다 보면 차츰 친숙해지고 개념이 형성되어간다. 그게 인간의 학습 방법이고 발전하는 과정이지.

카 라 우선 멘탈이라는 말의 개념을 정립해야 할 필요성을 느끼는데요.

치우천왕 사전적 의미로는 정신의, 정신적인, 마음의, 지성의, 심리적인, 내적인, 내밀한, 심중의, 지능의, 심지어 프랑스에서는 (글로 쓰거나 소리를 내지 않고) 머리(마음)로만 하는, 상상(想像)상의, (스포츠맨의) 마음가짐, 정신 상태, 그런 뜻이지. 언어의 의미는 상황과 시대에 따라 변하는 것이니 여기서는 사전적 의미로 다양하게 사용하는 것이 좋겠다. 심리학(心理學, psychology)이 원래는 심령학(心靈學)이었지만, 생명의 본질인 영(靈, Spirit), 모든 에너지의 근원인 우주 영(Universal Spirit) 의미는 사라지고 뇌신경과학, 정신과학, 심리의 작용을 다루는 학문으로 다양하게 분화되어 발전하고 있으니 그게 아쉽지만 말이다.

카 라 당신도 아쉬움을 느끼나요?

치우천왕 그건 인간들이 느끼는 아쉬운 감정과는 다르지.

카 라 음…. 인간이 아니니까.

치우천왕 허허허! 다가오는 시대에는 영(靈 Spirit)이 굉장히 활성화될 것이다.

카 라 다가오는 시대라면요?

치우천왕 이미 20세기 중반 무렵부터, 우주로부터 쏟아져 들어오는 우주선(Cosmic Ray)[1]이 증가하기 시작하여 점점 더 강하게 들어오고 있다는 것을 과학계에서 알고는 있지

---

1 우주선(Cosmic Ray): 은하계로부터 무수히 쏟아져 들어오는 에너지로서 입자와 방사선 등의 총칭. 1차 우주선과 대기 중의 원자핵과 충돌하며 생성되는 2차 우주선이 있다.

|카 라|우주선 샤워는 알고 있는데, 그게 왜 중요하지요?

치우천왕|아주 중요하다. 20세기 들어서 과학 문명이 빠르게 발전하고 세상이 급속하게 변하는 것은 바로 우주선의 유입이 점점 많아지고 있는 것과 밀접한 연관이 있기 때문이지.

카 라|그게 월드컵 우승과 관련이 있나요?

치우천왕|있다.

카 라|…축구가 멘탈게임이라는 주제로 돌아가죠.

치우천왕|사람의 명확한 생각은 뇌에 회로를 형성하며 파동이 발생하고, 전자기력을 띄면서 공간으로 퍼져 나간다.

카 라|생각이 텔레파시로 전달되고, 이심전심같이 마음으로 소통하는 현상은 일반적으로 알려져 있지요. 그런데 전자기력을 띄면서 공간으로 퍼져 나간다면, 바로 그 전자기적 파동이 마음과 마음을 연결하여 텔레파시로 작용한다는 건가요?

치우천왕|정확하다. 과학계에서는 전자기에너지학이나 양자역학 등에서 미묘한 전자파 등을 연구하여 상당한 진전을 이루었지만, 마음의 파동적 성질과 정묘한 에테르 에너지[2]의 작용에 대해서는 명상수행자들 외에 잘 모른다.

카 라|차근차근 설명 좀 해주세요.

---

2 Eather: 물리학에서는 발견하지 못한 소립자. 원자핵을 구성하고 있는 쿼크 보다 더 미세하고 정묘한 에너지를 말한다. 에테르 에너지로 형성되는 체(体, body)를 에텔체 혹은 에텔 복체라고 부른다.

치우천왕   공간에는 셀 수 없이 많은 전파뿐만 아니라 1세제곱인치에 136,000,000개의 상념 파동이 존재하고, 매 순간 사람들의 무수한 상념 파동은 서로 공명하거나 간섭하면서 영향력을 미친다.

카 라   정말 굉장하군요.

치우천왕   자기력은 N극과 S극성을 띠며, 같은 극성을 밀어내고 다른 극성을 끌어당긴다. 강한 자기력은 약한 자기력을 끌어당겨 힘을 흡수하면서 더 강해지고, 긍정적(+, Positive 극성)인 성격은 소극, 부정적(-, Negative 극성)인 성격의 자기력을 흡수하며 긍정성을 더 강화시킨다. 시련, 실패, 역경(-, Negative 극성)을 극복하면 발전, 성공, 행복감(+, Positive 극성)이 증진되는 것도 마찬가지 속성으로 삶의 연금술이라 할 수 있다.

카 라   동양철학의 음양 사상과 비슷한 것 같네요.

치우천왕   정확히 같은 원리다. 분화되고 발전하면서 정립된 과정은 다르지만.

카 라   자기력의 힘과 작용에 대해서는 초등학생도 이해하죠. 그런데 축구에 어떻게 작용한다는 건가요?

3. 멘탈이 작용하는 보이지 않는 경기력 사례들

치우천왕 위에서 얘기한 상념 파동의 원리와 법칙을 기본적으로 이해했다면 하나씩 예를 들어 설명해보자.
월드컵 사상 가장 충격적인 결과로 손꼽히는 경기, 미네이랑의 비극이라고 회자되는 경기라고 할 수 있지.

카 라 저도 잘 알죠.

치우천왕 브라질팀은 정치, 경제적으로 월드컵 개최에 대한 비난 여론에 시달리며 멘탈이 복잡했다. 자국 개최에서 반드시 우승해야 한다는 심적 부담이 컸지. 비록 에이스인 치아구 시우바가 경고 누적으로 출전을 못 하고, 네이마르는 8강전에서 콜롬비아 선수에게 척추를

2014년 브라질월드컵 4강 경기, 브라질이 0:7로 패배함

가격당해 병원에 입원하여 결장했다고 해도 7:1 패배라는 결과는 단순히 경기력의 차이는 아니다.

카 라 상대 팀 독일 선수였던 메수트 외질의 당시 경험담에 의

하면 브라질 선수들은 국가를 부를 때부터 너무나 투지가 강하여 노래로 독일팀을 집어삼킬 듯이 강렬했다고 하더군요. 그런 브라질이 그렇게 질 줄은….

치우천왕 브라질팀은 독일에게 선제골을 허용하자 마음은 더욱 조급해져 허둥대다가 대량 실점까지 하게 된 것인데, 이런 내용을 멘탈게임이라는 관점에서 보면 다른 결론이 나오지.

카 라 어떻게요?

치우천왕 독일은 소프트웨어 업체인 SAP에서 개발한 '매치 인사이트'란 프로그램의 빅데이터로 브라질팀의 전술과 선수들을 분석하고 연구했어. 그 과정에서 프로그램을 개발한 사람들과 분석을 진행한 감독과 전력분석관들을 통해 많은 멘탈 자기력이 브라질팀의 자기력에 작용하여 선수들의 기운을 무력화시킨 것이다. 또한, 선수 개개인에게도 휴대 전화로 상대팀의 전력을 분석한 프로그램을 제공해서 수시로 정신자기력이 작용하도록 했지. 한국 선수들의 스마트폰에는 무엇이 제공되고 있는지 점검해보고, 개인 자유시간의 많은 부분을 폰에 빼앗기는 젊은 선수들에게 무엇을 제공할 것인가를 깊이 생각해봐야 한다.

카 라 그게 사실이라면 무섭네요.

치우천왕 축구경기뿐 아니라 모든 스포츠의 승패에 영향을 미치는 어떠한 요인도 MS(멘탈 시스템)가 작용한다.

카   라   어떤 과학자의 연구로는 사람이 하루에 6만 가지 생각을 하는데, 그중 90%가 매일 반복하는 것이라더군요. 그 생각 하나하나가 어떤 영향력을 가진다고 생각하면 참으로 생각도 조심스럽게 해야겠다는 경각심이 생기네요.

치우천왕   그렇다. 자기력(磁氣力)은 모든 인간의 육체에서 많건 적건 간에 생명 활력에 의해 발산되고 있는 전기적인 힘(electric force)이다. 자기력(磁氣力)은 그 성질상 양극(+ Positive)과 음극(- Negative)으로 이루어져 있고, 공간은 무한한 파동들과 정전기장으로 가득 차 있다. 존재하는 모든 사물은 전자기에너지를 갖고 있는데, 독일에서 '매치 인사이트'라는 프로그램을 진행하면서도 프로그램에 관계한 사람들의 전자기력과 감독·선수 멘탈의 전자기력이 브라질팀의 멘탈과 경기력에 적지 않은 영향을 미친 것이다. 이 자기력을 활용하면 텔레파시와 원격 힐링도 가능하다.

카   라   잠깐만요. 자석은 N극과 S극으로 되어 있는데, 자기력(磁氣力)이 양극(+ Positive)과 음극(- Negative)으로 이루어져 있다는 표현은 좀 헷갈리는데요.

치우천왕   자석의 경우에는 N극과 S극이라 하고, 멘탈적으로는 Positive극(긍정적, 적극성), Negative극(부정적, 소극성)이라고 표현하는데, 존재하는 모든 것은 서로 반대되는 2개의 극성을 띄고 있다는 뜻이지. 전자(電子, electron)에도 음(-)전자와 양(+)전자가 있고, 전하(電荷, electric

	charge)에도 양(+)전하와 음(-)전하가 있듯이.
카 라	그렇군요. MS(멘탈 시스템)를 제대로 알고 활용하면 그 효용성이 다양하겠네요.
치우천왕	독일은 손자병법의 지피지기면 백전불태(知彼知己 百戰不殆: 적을 알고 나를 알면 백번 싸워도 위태롭지 않다)의 내용대로 준비하여 승리한 것이다. 적을 알기 위해 노력하는 과정에 자기력이 발생하여 영향을 미치고, 자기 팀의 전술을 강구하면서 강한 보호막의 자기력이 생기는 것이다. 반면, 브라질은 자신감이 충만했지만, 자기들의 심층 심리상태를 몰랐으니 독일에 비해 자기력의 보호막이 허술하여 강력하지 못했고, 적의 작전 준비상태도 몰랐으니 크게 진 것이 당연하다.
카 라	브라질 감독이나 선수들이 그런 사실을 알까요?
치우천왕	언론의 보도를 통해서 빅데이터 등의 객관적인 사실은 알겠지만 MMPS는 잘 모르지.
카 라	그렇군요.
치우천왕	그렇게 4강전에서 브라질을 침몰시키고 결승에서는 아르헨티나를 꺾고 우승한 독일이 같은 감독의 지휘하에 2018년에는, 멕시코와 한국에 충격의 패배를 당하고 조별 예선에서 탈락하고 만다.
카 라	4년 전의 화려한 우승 전력이 너무도 허망하게 느껴진 조별 탈락이었지요.

치우천왕 독일 국민들의 슬픔은 무척 컸다. 그러나 밀물이 있으면 썰물이 있는 법. 독일은 새롭게 태어나고 있다.

카 라 그렇겠지요.

치우천왕 두 번째 사례를 좀 더 깊이 분석해보자.

카 라 역시 독일인가요?

치우천왕 FIFA 랭킹 1위, 월드컵 우승 4회, 분데스리가를 자랑하는 전차군단의 화려한 전적은 이제 새롭게 분석해야 할 대상이다.

카 라 어떻게 분석해볼까요?

치우천왕 독일팀은 멘탈 파워가 훌륭하지 않았다. 또한, 독일팀의 요하힘 뢰프 감독은 오랫동안 독일 대표팀을 지휘했기 때문에 다른 팀 감독들에게 많이 노출되고 전술이 읽혔다.

카 라 오랫동안 한 감독이 지휘봉을 잡으니 그런 약점이 생기는군요.

치우천왕 2018 러시아월드컵 본선 F조 예선팀이 독일, 멕시코, 스웨덴, 한국 4팀으로 추첨 편성되자 멕시코는 멘탈 코치를 영입하는 등 즉각 독일전에 승리할 작전을 구상하기 시작했다. 멕시코의 후안 카를로스 오소리오 감독은 독일전에서 1:0으로 승리한 후 이렇게 말했지. "우리는 독일을 꺾기 위해 6개월 동안 준비했다."

카 라 대단한 집념이군요.

치우천왕 이 경기의 경우는 멕시코가 손자병법의 지피지기(知彼知

|카 라| 면 백전불태(百戰不殆)의 내용대로 준비하여 승리한 것이고, 독일은 반대의 경우로 패배한 것이 된다.

카 라 독일은 왜 준비를 못 했을까요?

치우천왕 독일의 요하힘 뢰프 감독은 멕시코전에서 패배한 후, "전반전에 우린 평소대로 공격하지 못했고, 상대의 역습에 매우 불안한 경기를 했다. 후반에는 우리가 다시 압박하고 여러 차례 슈팅을 했지만, 골대 안으로 들어가지 않았다."라며 경기 소감을 밝혔는데, 여기에 축구가 멘탈게임이라는 강력한 증거가 들어있다. 뢰프 감독의 말대로 독일이 전반전에 평소대로 공격하지 못했다는 말은 오소리오 감독과 멕시코 선수들의 MMPS(Mental Magnetic Power System, 정신자기력체계)의 메커니즘이 6개월 동안 독일팀의 요하힘 뢰프 감독과 선수들의 정신자기력에 텔레파시로 작용하여 팀의 활력을 묶어 놓은 것이다.

카 라 멕시코팀의 준비가 독일팀에게 그런 영향을 미치다니!

2018년 러시아월드컵 조별 예선 독일대 멕시코전

치우천왕 그뿐만이 아니라 독일의 주전 선수들이 사전에 부상을 당한 것도 MMPS의 중요한 작용 중 하나다.

카 라 설마….

치우천왕 젊고 유능한 레로이 자네, 마리오 괴체 등의 선수를 기용하지 않은 것에도 작용했다.

카 라 멕시코의 준비하는 멘탈 자기력이 상대 선수의 기용에도 영향을 미친다는 게 사실이라면 충격적이군요.

치우천왕 발생 가능한 모든 사건에는 반드시 이유가 있지.

카 라 원인 없는 결과는 없다. 인과의 법칙, 그런 의미인가요?

치우천왕 그렇다.

카 라 독일의 조별 예선 탈락에 다른 요인은 없을까요?

치우천왕 독일은 4년 전의 우승 원동력을 잊지 않고 모든 가능한 정보를 더욱 잘 활용하려 했지만, F조 추첨으로 스웨덴과 멕시코와 한국이 편성되자 부지불식간에 멘탈의 느슨함을 불러온 중대한 실수를 했다. 비교적 상대하기 편한 팀들과 조별 예선을 치르게 됐다는 안도감. 협회 관

여기에서 외국에 진출한 한국의 많은 선수들, K 리거들, 특히 출전기회가 많지 않은 선수들이 주전으로 도약할 수 있는 중요한 단서를 찾을 수 있다. 원인과 결과의 법칙. 모든 현상에는 반드시 이유가 있고, 현실을 변화시킬 방법이 있다는 것이다. 그냥 열심히만 노력할 게 아니라 위의 사례들에서 멘탈 작용을 이해하고 올바른 방향으로 역전의 기회를 만들기 바란다.

계자들과 감독과 선수들이 표층의식에서는 자만하지 않았다고 해도 그들의 잠재의식에서는 달랐다는 것이지. 그래서 축구가 멘탈게임이라는 말은 경기장에서의 멘탈뿐만 아니라 평소에 어떤 멘탈로 생활하고 훈련하고 준비하느냐의 멘탈도 중요하다는 뜻이다.

카 라 그렇지요. 사전에 훈련하면서 준비되지 않은 멘탈이 갑자기 레벨업되지는 않을 테니까요. 그와 비슷한 사례로 한국팀은 2014 브라질월드컵 H조에 벨기에, 러시아, 알제리가 편성되자 행운이라면서 '해볼 만하다'고 잠재의식에 방심을 가져와 1무 2패라는 실망스러운 결과를 초래했죠.

치우천왕 그러므로 평소에 발생 가능한 모든 변수를 참작하여 완벽을 목표로 준비하는 게 필요하다.

카 라 여기 브라질과 독일의 사례에서 배울 수 있는 최상의 교훈과 전술은 무엇일까요?

치우천왕 현대축구에서는 상대의 전술뿐 아니라 선수 개개인의 플레이를 분석하고 대응하는 다양한 기법과 빅데이터 및 프로그램이 개발되고 있다. 정보전에서 뒤지는 것은 현대전에서 치명적인 약점으로 작용한다. 지금까지도 선진국들의 첨단 기술이 스포츠 각 분야에서 영향력을 발휘해 왔지만, 앞으로는 AI(인공지능)발달과 사물인터넷 기술 등 ICT의 급속한 융복합으로 앞으로는 더욱더 치열해질 것이다.

카　라　4차 산업혁명이 빠르게 진행되니 그렇겠지요.

치우천왕　심지어 선수들의 안면인식 기술, 홍채분석 진단, 나아가 선수들의 머리카락이나, 유니폼에 배어있는 땀에서도 신체 정보를 분석하여 대비하고, 선수들의 말과 행동을 분석하여 멘탈 상태를 파악하는 등 매우 세밀한 정보전이 펼쳐질 것이다. 상대팀 감독에 대한 분석은 말할 것도 없고, 드론이나 무형의 촬영시스템도 등장할 것이다. 그에 대비하는 가장 유력한 방법은 상대에게 전술이 드러나지 않고 준비할 수 있는 블루오션, MS(멘탈시스템)의 허허실실 비책이 중요한 관건이고 전략·전술이 된다.

카　라　으음! 도핑테스트를 통해 약물 복용을 걸러내는 건 아주 우스운 정도로 상상하기 어려운 일들이 벌어지겠군요. 허허실실(虛虛實實)[3].

치우천왕　그렇다. 손자병법의 제1원칙은 "싸우지 않고 이겨라." 혹은 "싸우기 전에 이겨놓고 승리를 구하라." 등으로 알려져 있지만, 그 전략과 전술의 이면에는 허허실실의 묘법이 숨어있다.

카　라　허허실실의 묘법이라….

치우천왕　허허실실 전술을 연구하면 할수록 손자병법이 멘탈병법

3　허허실실(虛虛實實): 허(虛) 속에 실(實)이 있고, 실(實) 속에 허(虛)가 있음. 마치 음(陰)속에 양(陽)이 있고 양(陽)속에 음(陰)이 있듯이 허실(虛實)도 그러함.

이라는 묘미를 발견하게 될 것이다.

카 라 잠깐만요. 선수가 개인기로 페인팅을 하여 수비수를 제치는 것도 허허실실이 아닐까요? 그렇다면 부분 전술에서 벽패스로 돌파하는 것도 그렇고, 좌우 측면으로 오버래핑하여 수비의 시선을 빼앗고 크로스를 통해 슛을 하는 것은 성동격서의 허허실실 전술이랄 수 있겠네요. 특히 골키퍼의 역동작을 유도해내는 슈팅이라면 절묘한 허허실실 슈팅이 되겠네요.

치우천왕 그렇다. 그런데도 그대들 축구를 보면 너무 우직하게 보이는 장면들이 참 많다. 팀 전술에서도 허허실실을 다양하게 강구하고, 리그컵 대회나 월드컵 우승의 전략적 차원에서도 허허실실 전술에 MS를 이용하여 더 깊이 연구하면 많은 유익함을 얻을 것이다.

카 라 손자병법을 잘 연구해야겠군요.

치우천왕 우리 한민족의 역사에서 보면 수많은 위인이 있었지만, 400여 년 전의 이순신 장군은 MS에 정통한 사람이었다.

카 라 예? 충무공 이순신이 MS를 알았나요?

치우천왕 MS 용어는 몰랐지만, 그의 생애에 62전 62승이라는 전공은 지금의 용어로 MS를 잘 알고 활용했다는 뜻이다.

카 라 이순신 장군은 어떻게 그런 것을 터득했나요?

치우천왕 이순신은 그 시대의 민족적 사명을 띠고 태어나기도 했지만, 우국충정 애민 정신이 지극하여 그 뜻이 하늘에

닿아 직관으로 적의 상태와 작전을 파악하고 적절한 전략전술을 마련한 것이지. 월드컵 우승을 그렇게 지극히 사랑한다면 하늘도 감동하여 우승에 대한 직관과 영감이 주어진다는 의미다.

카　라　음~. '지성이면 감천이다'란 의미군요. 그러면 2002년 한국팀의 경기를 대상으로 분석해보면 어떨까요?

치우천왕　그러자꾸나. 어느 팀이나 어떤 경기에 임하든지 팀 전술이 있고 그룹 전술이 있으며 개인의 역할도 있다. 2002년의 경기와 멘탈의 관계를 얘기해보자.

카　라　예.

치우천왕　가장 두드러진 경우가 조별 예선 마지막 경기인 포르투갈과의 경기이다. 그 당시 루이스 피구는 발롱도르 수상에 빛났고 축구의 신이라는 호칭을 들은 선수다.

카　라　세계 최고의 공격형 미드필더라는 평이었지요.

치우천왕　히딩크 감독은 예전에 포르투갈 팀을 지도한 경험이 있어서 피구의 성향을 잘 알았다. 철저히 마크해서 귀찮게 하면 제 실력을 발휘하지 못한다는 것을.

카　라　그래서 송종국 선수에게 철저한 마크를 주문한 것이군요. 나중에 송종국 선수가 말하기를 "루이스 피구를 마크하는 이미지트레이닝을 지겹도록 했다."라고 했지요.

치우천왕　송종국 선수가 피구를 생각하면서 마크하는 심상을 할 때 이미 그 두 사람은 자기력으로 연결되었다.

피구 선수를 꽁꽁 묶어 놓은 송종국 선수

카   라   생각하는 것만으로 자기력이 연결된다구요?

치우천왕   그렇다. 생각하면 할수록 점점 더 강하게 연결되지.

카   라   실제 경기에서는 송종국 선수가 피구 선수를 꽁꽁 묶어 놓아서 나중에는 울상을 짓더군요. 이영표 선수와 교대로 괴롭히고 무력화시켰지요. 피구가 "너희는 비기기만 해도 되지 않느냐?"라는 말도 했다는 후문이…….

치우천왕   경기 전에 이미 송종국 선수와 이영표 선수의 자기력이 피구 선수를 묶어 놓은 것이다. 그래서 실전에서는 제대로 힘을 발휘하지 못한 것이고.

카   라   이미지트레이닝만으로 그렇게 묶이나요?

치우천왕   이성 간에도 사랑의 포로가 되어 꼼짝 못 하는 경우들이 있지 않으냐. 바로 상대방의 자기력이 짝사랑하는 사람의 멘탈 자기력을 묶어버리기 때문이다. 대부분의 경우는 자신의 상념 자기력으로 자기를 스스로 묶어버리는 어리석은 사랑이지만.

카   라   이성을 짝사랑하는 것이 자기의 상념 자기력으로 스스

치우천왕 로를 묶어버리는 것이라구요?

치우천왕 그렇다. 누에고치가 자기 꽁무니에서 나오는 실로 자신의 고치를 만드는 그림을 그려보면 이해하기 쉽겠구나.

카 라 누에고치는 결국 껍질을 벗고 나비가 되어 날아갈 수 있지만, 사람은 자칫 폐인이 되기도 하지요.

치우천왕 사람도 자신의 멘탈 속박을 벗어버리면 나비처럼 훨훨 날 수가 있다. 그걸 깨달으면 대박이지.

카 라 그렇게만 되면 대박이겠는데요?

치우천왕 인생사 모든 일에서 MS의 작용을 올바르게 이해하면 삶의 질이 달라지고 사회가 변하며 인류가 더욱 행복해질 것이다.

카 라 송종국 선수의 승리와 행복이 피구 선수에게는 패배와 불행이 된 셈이군요.

치우천왕 송종국 선수가 당시 세계 제일의 루이스 피구를 완벽에 가깝도록 제압하는데 성공했다면 세계의 모든 공격수 누구라도 그처럼 사전에 완전히 제압해 놓는 방법이 가능하다.

카 라 음~. 세계의 어떤 선수라도 가능하단 말씀이지요?

치우천왕 승부의 세계에서 승패는 필연이다. 만약 피구 선수가 자신에게 가해지는 자기력의 압박을 사전에 미리 방어했다면 결과는 달라졌겠지.

카 라 상대 선수 자기력의 압박을 미리 방어하는 방법이 있나요?

치우천왕 있다. 자신을 빛의 보호막으로 방어하는 방법 등 여러 가지가 있다.

카　　라　　호오, 다양한 방법들이 있군요.

치우천왕　　부상 방지와 재활을 촉진하는 방법에 관해 얘기를 할 때 말해주마.

카　　라　　그러시지요.

치우천왕　　한국은 4강전에서 독일을 이기고 결승전에 진출할 수도 있었다. 히딩크 감독은 결승전까지 염두에 두었고 협회의 고위 관계자들도 기대하고 있었으나, 한국팀 선수들은 4강에 합류한 것만으로도 너무 벅차서 그 이상의 멘탈은 기대하기 어려웠던 것이지.

카　　라　　그건 16강전에서 이탈리아와 연장전 끝에 골든골로 승리했으나, 8강전에서 스페인과 다시 연장전까지 치르는 바람에 체력의 소모도 심했기 때문에 독일전에서는 제대로 싸울 수가 없었기 때문이 아닌가요?

치우천왕　　체력 소모의 원인도 있지만, 근본적으로는 선수들이 그 이상 할 수 있다는 사전의 멘탈 준비가 안 되었다는 뜻이다.

카　　라　　흠~, 아쉬운 대목이군요. 하지만 우리 선수들은 후회 없이 최선을 다했어요.

치우천왕　　히딩크 감독이 훌륭했지만 그의 한계였지. 몇 개월 전부터 훈련하면서 선수들에게 결승까지 갈 수 있다는 멘탈의 준비를 시켰더라면 그 당시의 전력과 붉은악마의 응원력, 개최국의 이점 등으로 독일에 승리하고 준우승은 했을 것이다.

카 라   지난 일을 결과만 갖고 평가하는 것은 올바르지 않다고 보는데요.

치우천왕   과거의 경험에서 중요한 교훈을 얻으라는 뜻이다. 잘 생각하고 연구해보기 바란다. 특히 정신자기력시스템에 대해 많이 생각해보아라. 다음에 또 보자꾸나.

카 라   여보세요!

그렇게 두 번째의 만남 이후로 나는 정신과 자기력에 관해 더 많은 연구를 하게 되었다. 그러나 그와의 세 번째 만남은 쉽게 이루어지지 않았다. 천상에서도 바쁘기 때문일까? 혼자 이리저리 궁리하며 지내던 어느 날 잠깐 낮잠을 자는데 그가 다시 나타났다.

치우천왕   (경쾌한 음성으로) 많이 연구해보았느냐?

카 라   예, 계속 연구 중입니다. 그런데 MS의 작용을 다른 분야에서 예를 들어본다면 어떤 것들이 있을까요?

치우천왕   조직 사회에서도 직위와는 관계없이 강한 자기력을 가진 사람이 주장을 관통하고 업무를 추진하는 경우가 있겠지.

카 라   실적 좋은 세일즈맨도 자기력에너지가 작용하는 것인가요?

치우천왕   좋은 유추로구나. 맞다. 게다가 감동을 주는 명강연 등을 생각해보면 MS의 작용을 이해할 수 있을 것이다.

카　라　카리스마가 있다는 표현이 그런 뜻인가요?

치우천왕　그렇게 표현하기도 하지만 그보다 개인자기력은 생명력 오오라(Aura)의 일부이지.

 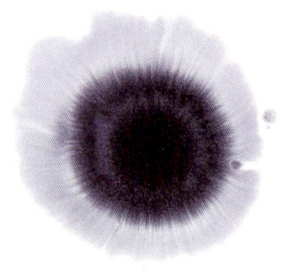

카　라　일부에서는 아우라를 사용하는 데 오오라가 정확한 용어군요.

치우천왕　독일의 한 미학자가 복제품으로는 흉내 낼 수 없는 고고한 분위기를 뜻하는 아우라를 쓰긴 했지만, 심오하고도 정확한 의미로는 오오라가 맞다.

카　라　아하!

치우천왕　멕시코의 경우에 만일 오소리오 감독이 16강 상대까지 고려하여 6개월간 준비했다면 8강에 진출했을 것이다.

카　라　멕시코는 16강에서만 7번을 연속 달성하고는 멈추었지요.

치우천왕　멕시코의 경기 운이 거기까지인 게지.

카　라　그러면 경기 운을 길게 끝까지, 우승이 결정될 때까지

	가져가려면 어떻게 해야 하나요?
치우천왕	미리 운이 따르도록 MS 에너지를 축적시켜야지.
카 라	구체적으로 어떻게요?
치우천왕	매사에 긍정적이고 조화로운 생각과 말과 행동으로 천지 만물과 화합하며 지내면 된다. 이건 아주 간단한 말 같지만, 매우 중요한 진리를 담고 있으니 허투루 간과하지 말아야 한다.
카 라	천지만물과 화합하며 지내야 한다면 인간관계에서도 화합해야 하겠지요?
치우천왕	무엇보다 인간관계에서 매끄럽고 조화를 유지해야 운세의 흐름에 막힘이 없게 된다. 그대들 정치인의 행태를 보면 매사에 서로 헐뜯고 이기적이며 국민을 사분오열하게 하지 않느냐? 참으로 어리석다.
카 라	당신도 정치인을 미워하시는군요.
치우천왕	나는 누구를 미워하지 않는다. 사실을 얘기할 뿐!
카 라	국가의 번영과 국민의 행복을 책임지겠다고 나선 사람들이 자기 당선과 당익을 위해 말짱 거짓말과 반대의 언행을 일삼고 있으니 크게 반성해야지요.
치우천왕	축구의 경기에서도 똑같은 원리가 작용한다. 자기의 심신관리에 철저하면서 동료들과 화합하고, 지도자들과 원활하게 소통하며 아이디어를 주고받고, 팬들과 공감하는 언행을 한다면 경기 운이 좋아진다는 것을 체감할

것이다.

카 라 아주 단순한 이치인데 시야가 좁아서 그런 생각까지는 못하는 것 같아요. 네덜란드의 축구 천재 요한 크루이프가 "축구는 머리로 한다. 다리는 뛸 뿐이다."라고 했는데 그의 통찰을 그렇게 이해하고 적용할 필요도 있겠네요.

치우천왕 그건 지도자에게도 마찬가지이다. 감독은 선수에 대한 절대적인 권한과 영향력을 갖고 있지만, 선수들 무의식 세계까지는 이해하지 못하기에 더 깊은 소통은 부족하지. 스포츠심리학의 전문적인 식견과 MS에 대한 이해가 필요하다.

카 라 현대축구에는 멘탈 코치와 스포츠심리학이 필수라는데요.

치우천왕 득점했다고 너무 방방 뛰지 말고 스크럼 짜서 방심을 경계하는 게 필요하다. 골 세리머니를 지나치게 많이 하면 에너지가 흩어진다. 멘탈게임의 미묘한 작용을 이해하는 게 중요하지.

카 라 방심이나 자만이 생길 수도 있겠구요.

치우천왕 반면에 실점했다고 너무 자책하며 기운을 빼지 말고 스크럼 짜서 다시 잘 해보자고 진심으로 다짐하는 게 경기 멘탈에 좋다. 배구에서는 한 점 한 점 포인트가 결정될 때마다 양 팀이 모두 하이파이브를 하지 않더냐?

카 라 축구에서도 그런 의식이 필요하다는 생각이 드네요. 멘탈을 다시 가다듬는 기회로요.

치우천왕   그렇지. 골킥 할 때마다 미리 약속된 세리머니를 하면서 '파이팅'을 외치고 리멤버(기억) 하는 게 좋다. 골키퍼가 드로잉 할 때나 터치라인에서 드로우 인 할 때도 미리 약속된 수신호로 루틴을 확인하는 게 좋다. 프리킥을 할 때도 코너킥을 할 때도 자기 팀만 알 수 있는 신호를 만들어서 사용하면 대단히 유용한 멘탈 전술이 된다.

카 라   그런 사소한 것들이 팀의 습관이 되도록 사전에 멘탈 훈련을 해야 한다는 뜻이지요?

치우천왕   그렇다.

카 라   고의적인 파울을 일삼고 거친 경기를 한다고 승리가 보장되는 게 아니듯이 멘탈적으로 유연한 경기를 한다고 해서 불리한 것은 아니고요?

치우천왕   오히려 낙관적이며 지성적 태도가 승리에는 훨씬 유리하다.

카 라   모든 선수들은 경기에 집중하다 보면 의식의 유연성이 없어지고 지나치게 예민해지든가 이성을 잃고 감정적으로 변하든가 그렇게 되기 십상이지요.

치우천왕   감정적이고 거친 태도는 의식의 경직을 불러와 경기가 잘 안 풀리게 되지만, 낙관적이고 유연한 멘탈은 임기응변이 빠르고 승리의 운이 자연스럽게 내 편으로 흐르도록 만든다.

카 라   의식의 유연성은 육체의 유연성으로도 나타나지요.

치우천왕   자기 팀의 실수나 실점은 그럴 수 있음을 인정하고, 상대 팀에도 운이 작용하기 때문에 상대 팀의 잘한 점을 인정해야 다음 번 운이 나에게 돌아오는 것이지. 회심의 슈팅이 빗나갔다고 땅을 치며 아쉬워하는 것은 에너지를 소모하는 행동이다. 실축했다고 머리를 감싸 쥐며 안타까워하는 행동도 마찬가지다. 한 번 실수했으면 다음 번 성공의 기회가 그만큼 더 가까이 다가온 것을 알고, 긍정적으로 힘을 내는 것이 운을 좋게 흐르도록 만드는 자연스러운 멘탈이지.

카 라   그런 사소한 행동 하나하나도 승패에 영향을 미치는군요.

치우천왕   그렇다. 매번 좋을 수는 없지만 언제든지 더 좋은 기회는 주어질 수 있음을 아는 그런 멘탈적인 습관들이 운으로 작용하여 나타나지. 정확히 멘탈 에너지 작용의 법칙으로.

카 라   선제 골을 넣고 추가 골을 넣어 리드하다가 역전당하는 경우를 멘탈이라는 관점으로 보면 어떤 설명이 가능할까요?

치우천왕   그런 경우는 매우 자주 발생하지. 심지어는 3:0으로 앞서다가도 3:4로 역전되는 경우도 드물지 않게 보이지 않더냐?

카 라   자만심이나 방심이 생겨서 그런 걸까요?

치우천왕   아주 미묘하지만 그렇다.

카 라   아주 미묘하다는 표현이 무슨 뜻인가요?

치우천왕   선제 골을 넣은 팀은 분명히 사기가 오르고, 상대 팀은 사기가 저하되는 것이 틀림없다. 한 골이든 두 골이든 리드하는 팀은 경기가 좀 더 수월하게 진행되지. 그러나 어떻게 경기가 진행되고 마무리될지는 끝날 때까지 끝난 게 아니다. 선수들의 정신 자세가 안정되어 있거나 변하는 대로 결정되기 때문이다.

카　라　후반 종료 직전 추가 시간에 동점 골이나 역전 골이 터지는 경우도 심심치 않게 발생하지요.

치우천왕　그래서 사전에 MS로 시뮬레이션하는 게 그토록 중요하다.

카　라　시뮬레이션한다면, 상대 팀과 경기하기 전에 1골, 2골, 3골 리드 당하고 있을 때의 멘탈 상태를 심리적 기법으로 미리 체험하고 극복하여 역전승을 준비하는 것, 그리고 1골, 2골, 3골 리드하고 있을 때의 멘탈 상태를 미리 가상 체험하고 대비하는 자세를 말하겠네요. 심지어는 초반 실점의 경우나 극 초반 실점의 경우, 반대로 초반 득점이나 극 초반 득점으로 유리하게 진행될 경우, 또한 양 팀 중에서 퇴장으로 10명일 때에는 어떻게 할 것인지, 연장전에 들어가야 한다든지, 승부차기까지도 미리 준비해두는 것도 좋겠고. 그렇게까지 세세하게 시뮬레이션하면서 준비하는 팀이 있을지 모르겠군요.

치우천왕　완벽을 목표로 준비하면 그만큼 실패나 실수가 줄어들고 성공 확률은 높아지지 않겠는가?

카　라　그렇다면 상대 팀이 초반부터 강력하게 압박하고 들어온다든지 수비적으로 나온다든지, 전혀 예측할 수 없었던 방법으로 나온다든지 하는 것에도 모두 대비하는 게 필요하겠군요. 상대 팀이 거칠게 나오면 어떻게 대응할 것인지, 심판이 편파적이라고 느껴질 때는 어떻게 할지, 공수의 큰 변화 없이 지루하게 공방전이 벌어질 때는 어떻게 변화를 모색하고 리드해 나갈지 등에 대해서도 세밀하게 준비해 놓으면 좋겠네요. 나아가 경기 중 눈이나 비가 온다면 어떤 작전을 구사하고, 잔디가 젖어있는 상태에 따라서도 어떻게 대응할 것인지 등등.

치우천왕 물론 모든 팀, 모든 감독들이 그렇게 하고는 있겠지만, 발생 가능한 모든 경우를 상상해보고, 그것에 대해 사실적으로 한 번씩이라도 가상체험과 대비를 해본다면 좋은 대책이 되겠지.

카 라 저는 한국대표팀이 올림픽 금메달은 물론 2022년 카타르월드컵 우승부터 계속 우승하는 것을 보고 싶어요.

치우천왕 할 수 있다.

카 라 그 방법을 구체적으로 하나씩하나씩 점검해보자구요.

치우천왕 먼저 그대가 아는 방법들을 설명해보면 어떨까?

카 라 첫째, 월드컵 우승을 명확한 비전(Visualization)으로 보고,

둘째, 정교한 멘탈 근육으로 우승계획을 디자인(Imagining)하고,

셋째, 계획을 실행(Action)해가면서 피드백과 수정을 반복해가며,

넷째, 많은 사람들이 갈망(Crave)하도록, 특히 A매치가 열리면 경기장을 찾는 열성 팬들과 TV라도 꼭 보는 사람들에게 알려야겠지요.

치우천왕 좋다. 그걸 실행하면 된다.

카 라 알리기야 하겠지만, 당신이 도와주시면 안 될까요?

치우천왕 지금 이렇게 돕고 있지 않으냐?

카 라 이런 대화 외에도 축구협회 관계자들과 선수들과 열성 팬들에게도 나타나서 깨우쳐주면 좋겠다는 것이지요.

치우천왕 그들은 스스로 원해야 한다.

카 라 그들은 월드컵 우승을 원하지 않는다는 건가요?

치우천왕 표층의식에서는 원한다고 생각하지만, 잠재의식에서 할 수 있다는 내면의 자신감이 없기 때문에 누가 강요할 수는 없는 문제이다.

카 라 당신이 나서서 자신감과 확신을 주면 안 될까요?

치우천왕 우주의 법칙에서 자유의지는 매우 중요하다. 그들이 간절히 원하지도 않는데 내가 나설 수는 없다.

카 라 음, 그런가요?

치우천왕 요즘은 스마트폰 하나만으로도 엄청난 파급 효과가 발생하는 시대가 아니냐? 유튜브, 카톡, SNS, 밴드, 칼럼, 카페, 인터넷, TV, 등등 이런 내용을 전달하여 그들도 이해하기만 하면, 축구팬들의 가슴 속에서는 '한국이 카타르월드컵 우승할 수 있다'는 자신감이 충만하게 차오를 것이다.

요즘은 좀 괜찮은 영화라면 단기간에 천만 명이 넘게 보는 시대다. 이런 생각과 계획을 영화처럼 천만 명이 공유한다면 한국의 월드컵 우승은 떼놓은 당상이다.

카 라 당신이 보장하실 겁니까?

치우천왕 내가 보장하는 게 아니라 우주법칙이 보장한다. 하루에도 이런저런 오만가지 생각들로 에너지를 낭비하지 말고, 월드컵 우승에 필요한 구체적 실행방법을 마련하여 그 방법에 주의력과 에너지를 집중하면 된다.

카 라 그게 확실한 월드컵 우승 비법이라는 것이지요?

치우천왕 그렇다. 어떻게 할 것인지 방법에 집중하라. 물에 라면과 수프를 넣고 몇 분 끓이면 맛있는 라면이 된다는 것은 누가 보장할 필요조차 없는 명확한 사실이 아니냐? 그렇듯이 한국이 월드컵 우승할 수 있다는 MMPS(Mental Magnetic Power System, 정신자기력 체계)를 축구팬들이 인식하고 의도적으로 활용하면 안 될 이유가 없다. 그뿐만 아니라 MS를 활용하면 개인의 생활과 가족, 이웃의 문제들, 직장 내 문제, 사회의 수많은 병폐를 원만하게 해결할 수 있고, 인류의 오랜 숙원들도 보다 효과적으로 바꾸어나갈 수 있다.

카 라 좋습니다. 그럼 우선 월드컵 우승에 대한 구체적인 콘텐츠를 세밀히 디자인해보죠.

치우천왕 그대가 원하는 대로.

> 위 명단은 어떤 기준이나 누구 의견이 아닌 필자가 아는 선수 이름일 뿐이다. 각자 선호하는 라인업과 포메이션을 구상하고, 실전에서의 멋진 경기 장면을 상상하여 한국팀 월드컵우승의 진동 에너지장을 활성화해주기 바란다. 현역 선수나 가족이라면, 자신과 가족을 중심으로 포메이션을 심상하고 경기를 시뮬레이션하면 좋다.

카　라　경기의 승패를 결정짓는 가장 중요한 요인은 무엇일까요?

치우천왕　매우 다양한 요인들이 관여하고 있지만, 먼저 경기력에 작용하는 4가지 차원의 요소들을 정확히 이해하는 것이 필요하다.

카　라　4가지 차원의 단계라면?

치우천왕　1단계는 피지컬로서 가장 기초적이며 경기가 수행되는 최전선이다.

카　라　피지컬이라면 체격과 체력, 순발력과 지구력, 개인 기술 등 모든 육체적 요소를 말하는 것 같은데요.

치우천왕　그렇다. 몸싸움을 이겨낼 수 있는 단련된 육체와 신장·체중, 20~50미터를 전력 질주할 수 있는 순간적 폭발력, 경기가 끝날 때까지 방심하지 않고 집중을 유지하며 최선을 다할 수 있는 지구력이 기본이지. 아프리카 선수들 같은 유연성과 탄력, 거기에다 고도로 연마된 개인 기술이 필수적이다. 즉, 선수의 육체가 표현할 수 있는 잠재력의 최대치를 말한다.

카　라　육체적으로는 더 강하고 더 빨라지는 게 한계가 있지 않나요? 히딩크식 파워프로그램을 극한으로 강화한다고 해도 피지컬을 200~300% 증강할 수는 없지요. 지나치면 역효과가 생기고, 어느 정도를 넘어서면 한계효용체감의 현상이 나타나니까요.

치우천왕　과학적인 방법과 뇌의 가소성을 극한까지 활용하는 초과학적인 명상 기법의 융합으로 한계를 넘어서 더 발전할 수 있지만, 그대들 인식의 한계가 제한을 만들고 있지.

카　라　그럼 2단계 차원이라면요?

치우천왕　육체라는 엔진에 동력을 제공하는 감정은 에너지 자체로써 내면의 강한 승부욕과 충만한 자신감은 모든 경기에서 반드시 필요하다. 군 면제와 같은 후한 보상도 성취욕을 북돋운다. 평소에도 부적절한 생각이나 부정성이나 소극적인 생각을 멀리하고 늘 감사하며 긍정적이고 즐거운 상태로 생활할 필요가 있다.

카　라　아무리 피지컬에서 압도적이라 해도 강한 승리욕과 자신감은 정말 필요하지요. 그리고 긍정적인 감정이 중요하구요.

치우천왕　어떤 팀이라도 최선을 다하겠다는 결전 의지는 의심할 여지가 없다. 그러나 패했을 때, 경기를 마치고 몸이 축 늘어진 상태에서 돌이켜보면 아쉬움이 많은 게 사실인데 과연 최선을 다했을까?

카　라　선제골을 넣고는 방방 뛰며 다 이긴 것처럼 방심하다가 동점 골, 역전 골을 허용한 것은 아닌지. 후반전 종료시각이 다가오면서 초조해지고 마음 한구석에서는 포기하고픈 마음이 생기고 감정의 기복이 있지 않았는지, 평소에 생활하고 훈련하면서 긍정적인 마인드로 무장되어 있었는지? 감정을 제대로 통제할 줄 모르면 자주 무용지물이 되고 때로는 마이너스로 작용하지요. 체력을 증강하는 파워프로그램으로는 2배, 3배의 경기력 상승효과를 낼 수는 없지만, 마인드의 조절은 2배 혹은 3배 이상의 경기력 향상을 가져올 수 있다는 것이지요. 감정통제는 쉬운 게 아닌데…. 깊이 생각해봐야겠군요.

치우천왕 그렇다. 감정과 정서는 수행하면 할수록 한계효용증가의 법칙이 작용한다. 평소 훈련할 때 전심전력으로 120%를 투입해야 실전에서 100% 기량을 발휘하는 법이다. 그런데 평소 훈련 시에는 늘 하던 대로 그냥 열심히만 하기 때문에 실전에서는 제 기량을 발휘하지 못하는 게 아닐까?

카 라 과연 훈련할 때 최선을 다해 120% 뛰는 선수가 얼마나 있을지 모르겠네요. 다음 3단계는 무엇인가요?

치우천왕 3단계 차원은 상대 팀들을 압도적으로 이길 수 있는 정교한 MS 전략, 전술이다. 과학적 분석 방법으로 정보를 통합하고, 통찰력과 직관으로 상대 팀의 전술을 파악한다. 그 정보를 바탕으로 필승의 비책을 마련하고 훈련해서 조직력을 극대화하는 지성적인 영역이다.

카 라 피지컬에서 앞서고 기술이 뛰어난 선수들이 승리욕과 자신감이 충만해도 조직적인 전술에는 당할 수가 없겠지요. 아무리 빠른 선수라 해도 패스하는 공보다 빠를 수는 없고, 세밀하게 조직된 그룹 전술과 팀 전술을 당해낼 수는 없으니까요. 감독과 코치진이 상상력을 발휘하여 MS로 시뮬레이션하는 능력을 잘 활용하면 역시 경기력이 2배, 3배 이상 향상될 수 있겠네요.

치우천왕 전술 위의 전술이라고 할 수 있다. 상대 팀의 전술을 미리 알 수 있다면, 내가 계획한 대로 주도적인 전술을 구사할 수 있지. 또한, 상대의 전술에 적절히 대응하다가 순식간에 역전시킬 수도 있겠지. 그래서 지피지기(知彼知己)의 MS 전술이 필요하다.

카 라 상대 팀의 전술을 어떻게, 독심술로 알 수 있을까요?

치우천왕 삼야마(Samyama)[4]라는 명상 기법으로 알 수 있지.

카 라 결국 내 의도대로 전술을 펼치든가 상대의 전술에 끌려가지 않고 밀리는 척하면서도 나의 전술대로 경기를 흘러가게 하는 것이겠군요.

치우천왕 4단계는 전체를 관조하고 조율하는 영혼의 무한한 잠재력으로 우주에너지가 작용하는 영역이다.

카 라 영혼이 축구와 무슨 관계가 있나요?

치우천왕 축구를 하는 주체는 육체가 아니고 감정도 아니며 지성도 아니다. 의지로써 육체와 감정과 지성을 아우르며 자유자재, 능소능대 사용할 수 있는 자아의식이다.

카 라 주체는 영혼의 자아의식이라는 말이지요?

치우천왕 그렇다.

카 라 추상적으로 느껴지는 그런 거 말고 가장 중요한 골인에

---

4 삼야마(Samyama): 의식의 집중에 관련된 것으로 오감(五感)과 생각을 제어하여 목표로 하는 대상과 일체가 되는 명상 기법이다.

대해서 의견을 나누어볼까요?

치우천왕   그 4가지 차원의 요소들을 정확히 이해하는 것은 무척 중요하다. 1단계 차원의 훈련방법보다 2단계 차원의 훈련방법이 승패에 미치는 영향력이 훨씬 크다. 1, 2단계 차원의 훈련방법보다 3단계 MS 차원의 훈련방법은 승패에 미치는 영향력이 더욱 강력하다. 4단계 차원의 훈련방법은 1, 2, 3단계, 모든 것을 합한 것보다 승패에 미치는 영향력은 더욱 지대해진다. 그러나 그대가 아직 받아들이기 어려우니 다음 기회를 마련해 보기로 하자.

카　라   그래도 세계의 열강들을 모두 이기고 우승컵을 차지하려면 실력, 즉 경기력이 뒷받침되어야 할 텐데요. 협회에서는 한국 축구 발전을 위해 중장기적으로 국민과 함께하는 다양한 정책을 구상하고 추진하면서 대단한 노력을 기울이고 있지요. 그에 대해 한 말씀 해주시지요.

4. 한국 축구, 눈부신 발전/호랑이 등에 날개를 달아라

치우천왕 예전부터도 순수민간단체인 대한축구협회 관계자들의 노력이 지대했지만, 지금 한국 축구는 눈부시게 발전하고 있다.

카　라 그렇지요. 새로 마련되고 있는 '첨단 IT 기술 기반 선수 데이터 통합 관리 시스템'이나 'KFA 분석관 인증제 코스', '골든에이지 프로그램' 등 유·청소년 대표팀부터 여자 대표팀, 남자 대표팀의 경기력 향상을 위해 엄청난 투자와 지원이 뒷받침되고 있지요.

치우천왕 그 모든 노력이 나래를 펴고 훨훨 날기 위해서는 우리가 지금 논의하고 있는 MS를 적극 보급하는 게 필요하다.

카　라 잠깐만요. 그럼 최근 한국에 보급되고 있는 '전술 주기화 훈련방법'은 월드컵 우승에 미치는 영향력이 어떤가요?

치우천왕 좋은 훈련방법이고 한국은 잘 배워서 활용하는 게 좋다. 그러나 선진 축구 강국들은 30여 년 전부터 활용하여 효과를 보고 있는 훈련방법이고, 현대축구 흐름은 끊임없이 변하는데, 그걸 배워서 언제 그들을 넘어선다는 말인가? 그동안의 모든 훈련방법에 더하여 MS 기법으로 융합하여 월드컵 우승의 추월 차선으로 달려나가야 한다.

카 라 앞선 자를 따라잡으려면 뭔가 다른 방법이 필요하지요.

치우천왕 그렇다. 쫓아가려 하기보다는 헬기를 타고 추월해야지.

카 라 축구에서 감독의 영향은 거의 절대적인데, 파울루 벤투 현재 감독의 역량에 대해서는 어떻게 보시나요?

치우천왕 그건 내가 평가하고 관여할 문제는 아니라고 본다만.

카 라 그래도 한 말씀.

치우천왕 세간에서는 어떻게 평가하고 있느냐?

카 라 신중하고 능력 있고 한국 축구에 대해 열성 있는 지도자라고 하네요.

한국 축구, 중장기 계획과 눈부신 발전

치우천왕 그럼 되었지 않은가? 다만 그가 스스로도 선수들에게 동기부여를 줄 수 있다며 스포츠 심리상담사나 멘탈코치가 필요치 않다고 하는 자세보다는 활짝 열린 마음이 좋겠지. 그가 MS에 관하여 잘 이해하고 적극 활용한다면 호랑이가 날개를 단 격이 될 것이다.

카 라 많은 감독들이 선수들에 대해 자신 외에 영향력을 미치는 것을 꺼리는 경향이 있지요. 모든 가능성에 마음을 열어두는 것이 필요할 텐데요.

치우천왕 좋은 관점이다.

카 라 그럼 승패에 압도적인 영향을 미치는 요인들에 대해서 살펴보도록 하지요.

치우천왕 첫째, 골을 잘 넣는 게 가장 중요하다.

카 라 그야 당연하죠!

치우천왕 그런데 그대들은 골 넣기 위해 얼마나 많은 훈련을 하며 땀을 흘리는가! 그런데도 골을 넣는 데에는 미숙하지. 이건 축구의 핵심이기 때문에 앞으로도 여러 번 논의하기로 하자. 고질적인 문제점은 그 문제가 발생한 수준에서는 결코 해결할 수가 없다. 문제의 수준을 뛰어넘는 의식이 필요하다는 뜻이지.

카 라 좋습니다. 아인슈타인이 그런 의미로 상상력을 얘기한 것 같군요. 그다음 중요한 요소는 무엇일까요?

치우천왕 피지컬이 압도적으로 우세하고 선수들 개개인의 기술이 좋으면 승리한다.

카 라 그걸 누가 모르나요? 한국 선수들은 유럽 선수들에 비해 아무래도 피지컬에서는 밀리고, 아프리카 선수들보다는 유연성과 탄력에서 뒤지는데, 그건 쉽게 극복할 수 있는 문제는 아닌데요?

치우천왕 피지컬에서 밀리고 유연성이 떨어진다 해도 골을 잘 넣으면 이기지 않겠느냐?

카 라 당연하지요. 상대 팀보다 한 골을 더 넣으면 이긴다는 것은!

치우천왕 그렇다. 무조건 골 잘 넣는 비법을 알려주마.

카 라 좋아요. 그다음 중요한 요인은 무엇인가요?

치우천왕 충분한 훈련량으로 전술완성도가 높아 조직력이 극대화되면 승리한다.

카 라 그것도 당연한 거 아닌가요?

치우천왕 육체를 움직이는 훈련량에 MS를 가미하면 효율성을 극대화할 수 있다. 육체는 일정한 한계를 넘어가면 지치고 피로해지지만, MS는 사용하면 할수록 누적되고 상승효과가 커진다.

카 라 정신에너지는 사용할수록 누적되고 시너지효과가 생긴다는 것이 고무적이군요.

5. 멘탈파워를 사용하여 경기력을 끌어올리는 방법

치우천왕   그 외에도 MS로 선수의 잠재력을 최대한 계발하는 문제, 선수들의 잠재의식과 교류하는 소통의 영역, 평소에 훈련하면서 상대 팀 선수의 에너지장을 느끼면서 미리 제압해 놓는 MS 전술, 상대 팀 감독의 멘탈 상태를 직관으로 파악하면서 대비하는 MS 전술, 경기 직전에 상대 팀과 악수하면서 기세로써 제압하는 방법, 경기 끝나고 허그나 악수하면서 다음 경기에도 압승할 수 있는 멘탈 자기력 악수법, 응원 에너지를 선수들의 경기력에 보태주는 방법 등 많은 요소가 있지만, 차츰 배워가기로 하자.

카 라   그런 모든 요소들이 다 중요하겠네요. 그럼 경기 외적인 요인들에는 무엇이 있을까요?

치우천왕   경기 외적인 것들 중에서 가장 중요한 요소는 진정성에 기반을 둔 원팀정신이다. 선수단 전체가 경기 당일의 컨디션을 최고로 끌어올리고 경기 종료까지 유지하는 데 초점을 맞추어 각자 철저한 자기관리를 하는 것이다.

카 라   그러고 보니 2018 러시아 월드컵 조별리그에서 한국팀은 첫 경기 스웨덴전과 두 번째 멕시코전에서는 숙소를 가까운 곳에 마련하지 못했고, 장거리를 이동하여 경기하는 바람에 몸이 무거워서 패했다는 분석이 설득력 있지요.

치우천왕 그렇다.

카 라 세 번째 독일전에서는 경기가 벌어지는 도시에서 잠을 잤고, 컨디션이 정상으로 회복되어 경기력이 좋아졌지요. 최상의 컨디션에는 피지컬의 요소뿐 아니라 모두가 하나라는 공동체 인식이 중요하고 우승팀인 프랑스가 좋은 사례라고 볼 수 있겠지요.

치우천왕 물론이다.

카 라 선수들의 좋은 컨디션 유지를 위해서는 의무팀의 활약도 중요한데요. 2019아세안컵 대회에서는 주전선수들의 부상이 많고 회복이 더뎌서 경기력이 저하되었다고도 하는데요. 행정미숙이라는 지적도 있고.

치우천왕 주전 선수와 백업멤버, 감독 및 코치진은 물론이고 팀의 스태프와 팬들이 모두 원팀의 정신을 갖는 것은 무척 중요하지. 그게 호흡이고 팀워크다. 차츰 자세히 알아보자.

카 라 결국 축구경기는 골을 넣기 위해 공격하고 실점하지 않기 위해 방어하는 단순한 게임이라고 할 수 있겠는데요. 그러면 예전부터 늘 지적되어 온 문제로 한국팀은 골 결정력이 부족하다는 것에 대해서 논의해보죠. 근래에도 볼리비아전(2019.3.16.)에서 일방적인 공격을 퍼부으며 22번을 슛했는데 겨우 한 골을 넣고 말았죠. 어제오늘의 일은 아니지만 늘 그게 아쉽습니다.

치우천왕 축구의 신이라 불리는 리오넬 메시도 소속팀의 리그에서는 펄펄 날며 많은 골을 넣지만, 2010 남아공 월드컵에서는 5경기에 출전하여 30번 슛을 하고도 한 골도 못 넣지 않았느냐?

카 라 그러게요. 크리스티아누 호날두도 그렇게 잘하지만 월드컵에만 나가면 그다지 큰 힘을 쓰지 못했죠. 왜 그런가요?

치우천왕 본인들이 좋은 성적을 올려야 한다는 심리적 부담이 있기도 하고, 소속팀에서는 오랜 기간 동료들과 호흡을 맞추며 스타 선수 중심으로 플레이가 이루어져 좋은 경기력을 나타내기가 쉽다. 또한, 매주 많은 경기가 벌어지기 때문에 상대 팀 스타 선수에 대한 준비가 부족하므로 메시나 호날두 같은 스타 선수들의 활동력이 두드러진다.

카 라 유럽 리그에서는 펄펄 날지요.

치우천왕 반면에, 월드컵에서는 최소 6개월 전에 조 편성이 이루어지면 같은 조에 속한 상대 국가들의 준비와 견제가 심해지지. 우승을 노리는 강팀들이라면 조별리그를 통과하여 16강 8강 4강의 상대까지도 염두에 둔다. 누군가를 생각하며 그를 방어할 준비를 하게 되면 그 대상자는 부지불식간에 심리적인 불안, 불쾌함과 압박감을 느끼게 되고 물리적으로는 정신자기력(Mental Magnetic Power)의 그물에 영향을 받게 된다.

카 라 정신자기력의 그물이라…. 방어할 생각을 하는데 그 선수

		의 몸과 마음에 정신자기력의 그물이 쳐진다는 말인가요?
치우천왕		그렇다. 처음에는 기운이 미약해서 잘 느끼지 못하지만, 반복하면 할수록 점점 정신자기력 그물망이 치밀해지고, 집중할수록 더욱 강해지게 되지. 인간의 신경계는 느낌으로 알게 되고 더 발달하면 직관과 통찰력으로 감지하게 된다. 감독들이 상대 팀과 전술 대결을 구상할 때도 같은 정신자기력의 원리가 작용하고.
카 라		거미줄이 촘촘해지면 해질수록 걷어내기 어렵듯이?
치우천왕		그렇다. 사람의 상념으로 형성되는 에테르 그물이 그토록 강하다.
카 라		그렇다면 예전의 펠레나 마라도나, 호나우두, 클로제 같은 선수들은 그다지 영향을 안 받았나 보네요?
치우천왕		예전의 축구는 경기에서 직접 부딪쳐 마크한다는 생각이 강했기 때문에 전술적 자기력의 영향이 상대적으로 적었다.
카 라		현대 축구의 발전 경향으로 보면 준비에 보다 철저하게 되고, 첨단 과학적인 방법의 도움으로 더욱 세밀하게 전술이 준비되겠군요.
치우천왕		그렇다.
카 라		그럼 그에 대한 대책은 어떻게 해야 할까요?
치우천왕		MS를 바탕으로 한 허허실실 전법이 가장 강력한 방법이다.
카 라		허허실실이라면 전에 언급한 손자병법의 제6편 내용인

　　　　　　　허실을 얘기하는 건가요?

치우천왕　그렇다.

카　라　당신은 손자병법에 대해서도 잘 아시는군요.

치우천왕　손자병법은 내가 가르쳐 준 전쟁과 치세에 관한 원리와 법칙이다.

카　라　엥?

치우천왕　원리와 법칙을 전해주었지. 내가 전쟁의 신이 아니던가. 나는 그 당시에 전승무패의 기록을 갖고 있다.

카　라　당신은 어떻게 그런 지혜를 갖게 되었나요?

치우천왕　까마득히 오랜 옛날부터 하늘에서 전해 내려오는 고대 지혜를 공부한 덕분이다.

카　라　천부경이나 삼일신고 등을 말하는 건가요?

치우천왕　천부경과 삼일신고도 그 일부지.

카　라　그럼 서양의 카발라는 어떤가요?

치우천왕　고대 지혜란 카발라뿐 아니라 동서고금 모든 역사를 통틀어 가르쳐진 성인과 선각자들의 지혜를 말한다.

카　라　음…. 고대 지혜라. 그런 비밀이 있군요. 그건 그렇고 정신자기력에 대해 좀 자세히 말해주세요?

치우천왕　정신자기력(Mental Magnetic Power)에 관한 내용은 매우 중요한 과제이고 에너지이다. 생각의 중요성에 대해서는 많은 선각자들이 전 세계의 다양한 민족에게 여러 가지 방법으로 전해주었고, 지금도 전해주고 있지만, 인류

	는 그에 대해 아직 충분히 알지 못한다. 이번 기회에 좀 더 자세히 얘기해보자.
카 라	좋습니다.
치우천왕	인간은 누구나 자기 운명의 그물을 스스로 만들고 있다.
카 라	자기 생각으로 운명의 그물을?
치우천왕	그렇지. 인간은 하나의 생각을 할 때마다 두뇌 속에서는 전기화학적 반응이 일어나고 자신의 주변에 상념의 에테르 그물망을 만든다. 인간은 생각이라는 정묘한 에너지의 그물망을 만들고 그 에너지장 안에서 희로애락을 맛보며 살아가고 있다.
카 라	기쁨과 즐거움, 행복한 생각을 하면 그런 파동의 에너지장에서 그런 감정을 느끼게 되고, 불평과 불만이나 근심 걱정을 하게 되면 그 역시 그 에너지장에서 살게 된다는 말인가요?

치우천왕 정확히 그렇다. 그런 상념들이 생명 활력과 어우러져 오오라(Aura)의 형태로 나타나지. 상념체(Thought Body)라고도 한다.

카 라 사람을 만날 때 첫인상을 좌우하기도 하나요?

치우천왕 그렇다. 오오라나 상념체는 끊임없이 변하기 때문에 색깔이나 상태가 똑같지는 않지만, 그 사람의 기본 인성이나 의식의 수준은 일정한 경향을 지니기 때문에 각자의 특성을 보이기도 하지. 그대들 소련 과학자가 발명한 키를리언 사진으로 촬영하면 오오라를 볼 수 있고, 더 정묘하게 에너지장을 측정하는 기계장치들도 많이 보급되고 있으니 관심 두고 알아보기 바란다.

카 라 재미있는 주제군요.

치우천왕 지금은 일부 수행자들이나 관심을 두고 연구하지만, 머지않아 인류는 그런 정묘한 에너지 세계에 대해 상식적으로 알게 될 것이다.

카 라 축구 얘기로 돌아가서요. 메시나 호날두같이 뛰어난 선수들은 경기 전부터 심한 견제를 받기 때문에 실전에서는 마치 제약을 받는 것처럼 활약이 위축된다는 것은 놀라운 사실이군요.

치우천왕 그래서 축구가 멘탈게임이고 모든 스포츠가 멘탈게임이라는 사실을 이제는 다른 관점에서 깊이 있게 연구해봐야 한다. 실제로 축구에서 멘탈의 작용은 그대들이 지금 생각하고 있는 것보다 훨씬 중요하고 강력한 요소이기 때문이지. 상념력

(Thought Force)을 사용하는 구체적인 기법을 연마하라.

카 라   그래도 축구는 스피드와 개인 기술이 뛰어난 선수가 많은 팀이 전술 훈련을 잘 소화해내면 조직력이 갖추어져 승리할 확률이 높아지지 않나요?

치우천왕   예전의 축구는 그랬지만 근래에 멘탈의 중요성이 알려지면서 앞으로는 그 중요성이 더욱 커질 것이다.

카 라   왜 그런가요?

치우천왕   과학 분야의 발달과 사람들의 의식이 상승하면서 자연스럽게 변화해 가는 것이다. 더불어 그런 변화를 촉진하는 우주에너지가 점점 더 많이 쏟아져 들어오기 때문이지.

카 라   우주에너지?

치우천왕   그렇다. 우주선 샤워라는 용어를 알지 않느냐?

카 라   읽어 봤어요.

치우천왕   1초에도 백조(兆) 개가 넘는 우주선 입자들(알파선, 베타선, 감마선, 중성미자…)이 인간 몸을 관통하고 있지만 아무것도 느끼지 못하지. 또한, 수백만 개의 통신 주파수들이 매 순간 인간의 뇌를 통과하지만, 그대들은 못 느낀다. 그러나 명상을 통해서 의식이 정묘해지면 그런 미묘한 에너지의 작용도 알 수 있다. 현재 과학자들은 기능성 뇌 자기공명(fMRI)이라든가 확산 텐서 영상(DTI) 등 기계장치를 이용하고, 이론적 연구와 실험적 연구를 통해 그런 사실들을 조금씩 알아 가고 있지만,

카　라　그런 극히 미세한 에너지가 축구에 어떻게 작용하는 것을 알 수 있나요?

치우천왕　부분적으로는 극히 미세하지만, 전체로서는 큰 영향력으로 작용하지. 단지 보통의 인간 감각으로는 알아차리지 못하고 있을 뿐.

카　라　어떻게 작용한다는 것이지요?

치우천왕　소립자 같은 양자 수준의 에너지들은 '관찰자 효과'라고 알려진 것처럼 보거나 의식하면 그 즉시 움직인다.

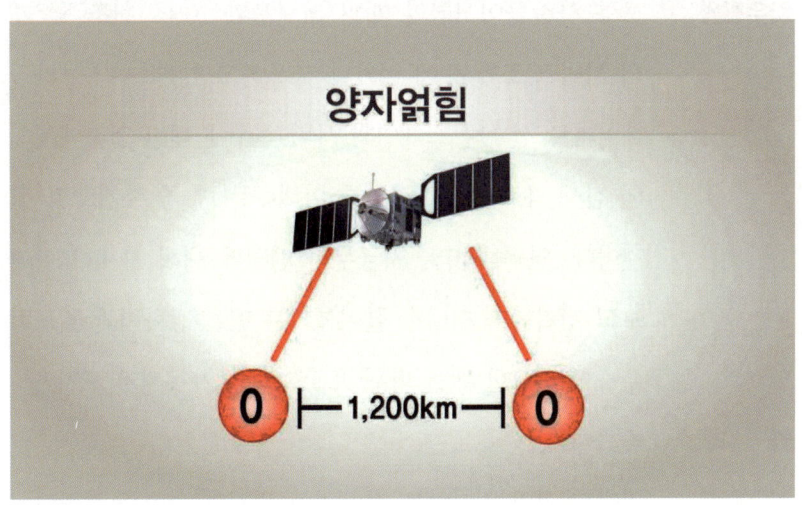

카　라　이론상 그렇기는 하지요.

치우천왕　그대들 선수들의 피지컬 능력은 거의 최대치로 개발하여 사용하고 있지만, 멘탈 능력은 거의 20% 수준도 사용하지 못하고 있다.

카　라　아니, 20%도 못쓰고 있다는 게 말이 되나요? 오랫동안 보통 사람은 뇌의 5~10% 정도를 사용하고 천재들은 10~15%를 사용한다는 말이 유행했지만, 최근의 뇌과학자들은 그렇지 않다고 얘기하는데요.

치우천왕 뇌의 기능은 무한한 잠재력이 있기 때문에 수치상으로 얘기할 수는 없다. 단지, 일상생활에서 보여주는 사람들의 자각 수준과 감정통제 여부를 고려하여 그렇게 말할 수 있지.

카 라 아하.

치우천왕 보통 사람들이 1천억 개의 뇌세포와 100~1천조(兆) 개의 시냅스 조합 중에 얼마나 사용하고 있겠느냐? 브라질 네이마르 선수나 스페인의 사비 선수에 대한 일본에서의 뇌 검사 자료는 멘탈사커를 이해하는 데 좋은 참고가 될 것이다. 연구해보라. 지금부터 멘탈에 대해 자세히 살펴보고 경기력을 최대로 끌어올리는 멘탈 강화력과 월드컵 우승에 필요한 멘탈 파워 프로그램을 가동시켜 보자.

카 라 좋습니다.

치우천왕 선수 개인의 경기력을 좌우하고 경기의 승패를 결정짓는 최고 중요한 요인이 무엇이라고 생각하느냐'?

카 라 경기력에는 수많은 요소가 개입되어 있고 승패를 좌우하는 요인들도 무수히 많은데, 그걸 한 마디로 간단히 표현할 수 있을까요?

치우천왕 있다.

카 라	무엇이죠?
치우천왕	의지를 사용하는 것이다.
카 라	의지를 사용한다구요?
치우천왕	그렇다. 의지의 사용이다. '아리랑'.
카 라	예? 아리랑이요? 왜 아리랑 노래가 나오나요?
치우천왕	한민족의 대표 민요인 아리랑의 어원과 갈래는 다양하지만, 노랫말의 '나'는 신성한 영혼의 의지를 뜻한다.
카 라	의지는 누구나 사용하고 있지 않나요?
치우천왕	누구나 갖고 있고 사용하고 있는 그 의지를 자유자재로, 능소능대하며 능수능란하게 사용하는 것을 말하는 것이다.
카 라	뭔가 엄청난 비밀이 있을 것 같은데요.
치우천왕	'나'의 신성한 의지를 버리고, 감정에 휩쓸려 이성을 잃든가 이런저런 헛된 욕망을 좇으며 살아가면 십 리도 못 가서 발병 난다는 말이다. 실체가 없는 감정상의 분노, 미움, 시기, 질투, 불안, 두려움, 걱정 같은 멘탈의 부조화도 환영에 불과하다는 자각이 필요하지.
카 라	'나'의 의지가 그렇게 중요한가요?
치우천왕	그렇다. 그 간단한 비밀이 월드컵 우승의 주인을 결정한다.
카 라	좀 쉽게 설명해보시죠. 예를 든다든지….
치우천왕	아주 명확한 예를 하나 들어보자. 지단의 박치기라고 알지?
카 라	알다마다요. 2006년 독일월드컵 결승전에서 프랑스의

지단이 이탈리아 수비수 마테라치의 가슴을 박치기하여 퇴장당한 사건[5]이지요.

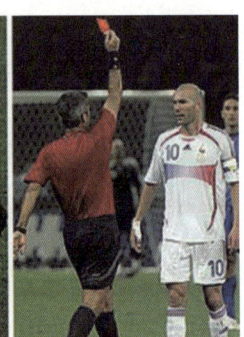

치우천왕   결론적으로 보면 감정을 제어하지 못한 지단의 그 행동으로 프랑스는 우승컵을 이탈리아에 내주고 말았지.

카 라   마테라치는 말 한마디로 지단을 퇴장시키고 우승컵을 들어 올렸다는 말인가요?

치우천왕   그런 결과를 논하자는 것이 아니라 감정을 조절하는 문제를 얘기하는 것이다.

카 라   하지만 지단은 나중에 "나는 그 행동을 후회하지 않는다. 단지, 그 행동을 본 전 세계 어린이들에게 사과한다." 그런 표현도 했지요.

치우천왕   지단은 축구 선수로서는 매우 뛰어난 사람이었지만 감정을 조절하지는 못한 하나의 사례로써 얘기하는 것이다.

카 라   그럼 지단이 그런 말을 듣고도 바보같이 참았어야 한다

---

5   경기 중 마테라치가 지단의 유니폼을 잡아당기자 지단이 "내 유니폼 갖고 싶어?" 마테라치 왈, "네 여동생 것이라면 갖고 싶지." 그러자 지단이 박치기를 한 사건.

	는 말인가요?
치우천왕	아니지. 더 멋진 말로 유머러스하게 되받아쳤다면 오히려 마테라치는 스스로 부끄러움을 느꼈을 테고 프랑스는 우승컵을 품에 안았겠지.
카 라	예를 들면요?
치우천왕	"멍청아, 너는 자격 미달이야." 혹은 "바보야, 너 정도에게 내 동생은 너무 아름다워." 그렇게 했다면 어땠을까?
카 라	(성질 내며) 하지만 인간은 감정의 동물이라구요. 그런 상황에서 침착하게 그런 말이 나올까요?
치우천왕	그것 보아라. 그대는 스스로 감정의 동물이라고 화를 내며 부정성을 드러내지 않느냐?
카 라	…….
치우천왕	우리 얘기의 본질은 경기력과 승부를 좌우하는 매우 중요한 요인이 감정을 조절할 줄 아는 멘탈에 있다는 것을 논하는 중이다. 실제로 자주 감정의 문제가 등장하여 경기를 망치기도 한다. 그대는 심판의 판정에 불만을 품거나 상대의 플레이에 화를 내는 팀이 승리하는 것을 보았느냐?
카 라	글쎄요….
치우천왕	이건 매우 중대한 사안이다.
카 라	경기 중에는 화를 내지 말라는 말인가요?
치우천왕	승부를 결정짓는 멘탈 에너지 총량의 법칙으로 볼 때, 부정적인 감정을 갖고 표출하는 행동은 마이너스 효과가 크

기 때문이다. 경기가 잘 풀리는 것 같으면 은연중에 방심이 생기든가 혹은 잘 안 풀리면 초조해지고 서두르는 것도 평정심을 잃고 에너지를 소모하는 것과 마찬가지다. 자신의 플레이에 너무 몰입되어 시야가 좁아진다든지, 동료의 실수에 순간 질책의 마음이 든다든지, 그런 모든 감정의 부침이 경기에 민감하게 영향을 미친다.

카 라 하지만 혈기왕성한 선수들이 경기 중에 어떻게 감정을 자유자재로 조절하죠?

치우천왕 평소에 '감정을 마음대로 조절하겠다'는 의지를 내고 미리 디테일하게 MS로 심상 훈련하는 것이 필요하다는 말이지.

카 라 감정 조절을 훈련한다구요?

치우천왕 그렇다. 명상을 통해서든지 스포츠심리학의 기법을 이용하든지 감정의 실체를 파악하고 조절하는 연습을 한다면 경기력 향상에 큰 도움이 된다. 요즘 많은 기업들이

	마음챙김명상(Mindfulness)을 도입하여 생산성을 향상시키는 것도 같은 이유다.
카　라	축구가 멘탈게임이라고 하는 것과 같은 맥락이겠네요.
치우천왕	그렇다. 축구 천재로 불리는 네덜란드의 요한 크루이프가 '축구는 머리로 한다. 다리는 뛸 뿐이다'라고 한 말도 더 깊은 차원에서는 훨씬 많은 의미가 깃들어 있지.
카　라	어떻게요?
치우천왕	그대는 한국 축구대표팀의 팀 정신(Spirit)이 무엇이라고 생각하느냐?
카　라	…우리 대표팀의 팀 정신은 강한 정신력이 아닌지요?
치우천왕	강한 정신력은 멘탈을 구성하는 일부분일 뿐이다. 일반적으로 감독이 바뀌면 팀 컬러도 바뀌면서 경기력의 차이가 생긴다. 감독의 능력에 따라 잘하기도 하고 못하기도 하지.
카　라	그건 당연한 게 아닌가요?
치우천왕	그걸 당연하게 생각하니까 경기력이 들쭉날쭉한 것이지. 감독이 누가 되었든 팀 정신(Spirit)이 확고하다면 경기력의 일관성을 유지한다. 그리고 지속적으로 향상될 수 있다. "팀보다 위대한 선수는 없다."라는 말처럼. 한국 축구 철학 전반에 걸쳐 진정한 원팀 정신을 구축할 필요가 있다.
카　라	축구를 머리로 한다는 표현이 축구 지능이나 IQ가 높아야 한다는 뜻이 아니라 머리는 멘탈이라는 뜻으로 이해

한다는 것이지요?

치우천왕 선수들에게 완벽한 멘탈을 요구한다는 것은 무리지만, 그럼에도 불구하고 다양한 멘탈 기능을 자발적이고 조직적으로 구사하는 것은 누구에게나 매우 중요한 과제이다. 좋은 인성, 훌륭한 인성도 포함된다고 할 수 있겠다.

카 라 다양한 멘탈이라면?

치우천왕 머리에 붕대를 두르고 뛰는 투혼 같은 최강의 멘탈만이 능사는 아니다. 그대들 지도자들은 "축구를 즐겨라."라고 하지만, 어려서부터 승부의 세계에 몸담아 온 선수들에게 창의적이고 즐기는 축구는 좀 낯설다. 가장 바람직한 멘탈은 외부에서 주어지는 어떤 조건 없이도 스스로 필요한 감정을 만들어 낼 수 있는 능력이다. 즉 행복감, 기쁨, 내면의 충만한 자신감이나 헌신하려는 의지 필사즉생의 투쟁심 등.

카 라 경기는 이길 수도 있고 질 수도 있고, 잘 풀릴 때도 있지만, 잘 안 풀릴 때도 있는 법인데, 경기마다 즐길 수 있다는 것은 대단한 도통의 경지라고 하겠네요. 경기할 때마다 골을 넣는 선수가 우리 팀에 있다면 아마 훨씬 더 즐기는 경기가 되지 않을까 싶기도 하구요. 현대축구 최고의 전술가중 한 명인 주제프 과르디올라 감독이 '내겐 신체 컨디션보다 정신 컨디션이 더 중요하다.'고 말한 것도 같은 의미겠네요.

치우천왕 "연습할 때는 실전같이 하고, 실전에서는 연습같이 하라."라는 말이 있는데, 그 중요성이 간과되고 있다.

카 라 어떻게요?

치우천왕 연습할 때 전력을 기울여 골을 잘 넣어야 실전에서는 연습할 때처럼 골을 잘 넣는 게 아닐까? 그런데 그대들은 연습할 때 슈팅할 기회를 만들기 위해 빌드업과 공격 전술에 대해, 그리고 골을 넣기 위해 슈팅 연습을 열심히 한다. 그건 매우 큰 차이를 만들어내지.

카 라 그러니까 연습할 때 MS로 골을 잘 넣는 연습을 해야 실전에서 골을 잘 넣는다는 것이지요? 그 미묘한 차이를 인식해야 한다는 뜻이구요.

치우천왕 그렇다. 경기에서 가장 중요한 것은 골을 잘 넣는 것이다. 그 비밀이 멘탈에 있다는 것이고.

카 라 골을 먹지 않도록 수비하는 것도 아주 중요하지요. 미국 NBA 격언에 "공격을 잘하면 승리하지만, 수비를 잘하면 우승한다."라는 말이 있어요. 현대축구의 흐름은 후방을 탄탄하게 운영하는 데 중점을 두고 있다구요.

치우천왕 골을 잘 넣는 원샷원킬MS의 비밀을 터득하면 수비MS는 한결 수월해질 것이다.

카 라 이따금씩 경기에서는 원샷원킬이 나타나지만 자주 등장하는 것은 아니지요. 만일 누구든지 원샷원킬을 마스터한다면 골리앗을 이긴 다윗의 무기처럼 세계 어떤 선수, 어떤 팀이라도 이길 수 있겠군요.

치우천왕 그러니 그대가 한국 선수들의 원샷원킬의 패러다임을 바꾸는 게임체인저가 되기를 바란다.

카 라 좋습니다. 저는 예전에 축구할 때, 이미지트레이닝(심상 훈련)으로 많은 골을 넣었고 원하는 플레이를 멋지게 선보였는데, 그걸 월드컵 우승에 적용하는 방법을 얘기해보죠.

치우천왕 상념과 이미지트레이닝에 대해 자세히 논의해보자. 정상인이라면 늘 가벼운 이미지트레이닝을 하고 있다. 예를 들어 누구를 만나러 갈 때 무슨 말을 어떻게 할까, 요리를 할 때에도 무엇을 어떻게 할 것인지를 먼저 생각해보는 게 바로 그것이지.

카 라 아까 '상념이 물질이다'라는 논의부터 끈이론을 도입해보면 이미지트레이닝이 상당한 발전을 이룰 것 같은데요. 그런데 잘하는 사람이 있고, 잘 안되는 사람이 있잖아요. 이미지트레이닝을 하면 실제 훈련의 80~90% 효과가 있다는 게 정설이라는데, 왜 그리고 어떻게 효과가 있는 것인지에 대한 명쾌한 설명도 없고….

치우천왕 그렇지. 사람마다 성장하면서 우뇌와 좌뇌의 발달 정도가 다르고 사용하는 빈도와 영역도 다르니까. 논리와 지성이 발달한 사람이 있고, 감성이 발달하여 감정이 쉽게 예민해지는 사람도 있듯이 천차만별이다.

6. 이미지 트레이닝 방법론

카　라　어떻게 하면 이미지트레이닝을 잘 활용하여 경기력을 향상시킬 수 있을까요?

치우천왕　우선 그대가 아는 방법을 말해 보면 어떨까?

카　라　그러지요. 일반적으로 잘 알려진 심상 훈련에는 4가지 요소가 있어요.

1. 얼마나 자주 그려보는가? 심상 훈련의 첫 번째 요소는 성취하길 원하는 목표를 얼마나 자주 머릿속에서 그려보는가 하는 겁니다. 즉 빈도를 말하지요.

2. 얼마나 오랫동안 그려보는가? 머릿속에 그릴 때마다 몇 초 혹은 몇 분간 그려볼 수 있는가가 중요한 것으로 지속성을 뜻하지요.

3. 얼마나 명확하게 그리는가? 바라는 목표나 성과를 머릿속에서 명확하게 그려볼 수 있다면 더 빨리 이루어지게 한다는 선명도입니다.

4. 얼마나 강렬히 느끼는가? 실제로 성취했을 때의 기분을 강렬하게 느낄수록 더 잘 이루어지게 한다는 감정이입이지요.

치우천왕　잘 알고 있구나. 거기에 덧붙여 설명해볼까?

카　라　예.

치우천왕 마음속에 자주자주 그릴수록 좋기는 하다만 바쁜 일과 속에서 일부러 시간 내어 마음속에 그림을 심상한다는 것은 쉽지 않을 텐데 말이다.

카 라 그렇지요. 잊어버릴 수도 있구요. 그런데 머릿속에서 그린다는 것과 마음속에서 그린다는 것은 똑같은 것이지요?

치우천왕 작용이 다르다. 머릿속에서 그린다는 것과 정신적으로 그린다는 것은 같은 의미다. 그러나 심상이란 마음속으로 그리는 것을 말한다.

카 라 시각화 훈련이라는 말은 어떤가요?

치우천왕 시각화란 어떤 자료를 그래프 같은 도표나 그림으로 만들어 뇌가 이해하기 쉽도록 하는 것을 의미하므로 정확한 용어는 아니고, 심상(心像) 훈련이라는 용어가 적절하다. MMPS(Mental Magnetic Power System, 정신자기력 체계)를 활용하는 방법은 뇌과학적으로 아주 중요한 기술이기 때문에 자세히 논의할 필요가 있다. 매일 자주하기가 어렵기에 종이에 기록하는 것이 좋다. 그대들에게는 종이에 쓰면 기적같이 이루어진다는 책, 하루에 3번씩 100일간 쓰면 무엇이든 이루어진다는 책들도 많이 있지.

카 라 예. 다 읽어보았어요.

치우천왕 그대로 해보았는가?

카 라 어느 정도 해보기는 했는데, 솔직히 100일간 빠뜨리지 않고 지성으로 쓰는 게 쉽지 않더라구요.

치우천왕   중간에 빠졌더라도 다시 쓰기 시작하면 되는데.

카 라   그 역시도 끝까지 해보지는 못했어요.

치우천왕   그 문제는 다시 거론하기로 하고 우선 심상 훈련에 대해 심도 있게 알아보자.

카 라   그러시죠.

치우천왕   심상화를 자주하는 방법 대신에 그림을 곳곳에 붙여놓는다거나 녹음을 듣는 것도 괜찮은 방법이다.

카 라   보물지도라는 책에 좋은 방법으로 소개되어 있더군요. 자신이 살고 싶은 숲 속의 멋진 집을 사진으로 붙여놓는다든지, 여행하고 싶은 장소의 사진을 구해서 붙여놓은 방법도 있더군요.

치우천왕   그렇다. 한국이 월드컵 우승하여 트로피를 들어 올리는 사진을 만들어서 붙여놓고 자주 바라보면 잠재의식에 각인되어 보다 효과적으로 목표를 달성할 수 있게 되지. 뇌과학적으로는 RAS(뇌 망상 활성계)가 작동하여 결과를 끌어당긴다.

카 라   그건 오늘 당장 할 수 있어요.

치우천왕   오케이. 그리고 월드컵에서 경기하는 장면의 동영상을 자주 감상하면서 환호 소리를 듣고 감정을 고양시키는 것도 좋은 방법이다.

카 라   그렇겠네요.

치우천왕   두 번째 요소인 지속성을 강화하는 방법은 편안하게 휴식을 취할 때나 한국 선수들의 월드컵 골 장면 동영상을 감상하면서 시간을 길게 지속하는 방법이 좋다. 동영상에서 골 넣는 장면마다 선수 자신이 넣는 것처럼 감정이입을 하면 에테르 에너지가 생성되면서 거울 뉴런의 효과[6]를 극대화하여 골 넣는 습관을 형성하는데 매우 유리하다.

카　라　동영상을 활용하여 골 넣는 습관을 만든다? 좋습니다. 그렇게 하지요.

치우천왕　세 번째 요소인 선명도에서 처음에는 자신이 바라는 모습을 뚜렷이 그린다는 게 어렵다. 대체로 모습이 불분명하거나 흐릿하기 십상이다. 뇌신경회로가 정착되지 않아서 그렇지. 그런데 자주 심상하고 그림을 그려 붙이고 연구하며 방법을 찾고, 동영상을 재생하여 사진을 찍듯이 자꾸 보다 보면 점점 명확해진다. 하면 할수록 눈에 뚜렷이 보는 것처럼 느껴지다가 갑자기 현실로 나타난다.

카　라　그런 경험들도 있지요.

치우천왕　네 번째 요소인 강렬하게 느끼기는 이렇다. 간절히 원하는 것은 처음부터 이미 가진 것처럼 등줄기에 전율이 느껴지기도 하고, 처음에는 희망 사항이었던 목표가 점차 실감나게 느껴지면서 물현되기도 한다. 때로는 생생하고도 강렬한 감정이 갑자기 무의식중에 편안하게 변하면서 즉시 실현되기도 한다.

---

6 거울 뉴런의 효과: 사람의 뇌(腦)에는 다른 사람의 몸짓을 보거나 말을 들으면 그 사람과 같은 느낌을 받게 하는 신경세포가 있다. 바로 '거울 뉴런(Mirror Neuron)'이다. 1990년대 이탈리아 과학자들이 원숭이에게서 처음 발견한 현상으로, 상대가 공을 쥐는 모습을 바라보면 내 뇌에서도 공을 쥐는 것과 관련된 신경이 작동하는 식이다.

7. 미래를 바꾸는 이미지트레이닝 효과 극대화 3단계

치우천왕 그런 4가지 요소들을 바탕으로 하되 심상 훈련(이미지트레이닝)의 효과와 효력을 극대화하는 3단계의 수준이 있다.

카 라 그냥 심상 훈련만 하는 게 아니라 3단계가 있다구요?

치우천왕 그렇다. 단계마다 잘 해내느냐 못하느냐의 차이가 있고, 보통 자기계발서나 스포츠심리학에서 얘기하는 심상 훈련은 기본 1단계 차원에서 하는 것이다. 평범한 선수들이나 잘하는 선수들이나 모두 하고 있는 방법이지.

카 라 그런 1단계의 상위 수준은 누가 어떻게 하는 것인가요?

치우천왕 1단계의 고급 수준은 아주 뛰어난 선수들이 하고 있는데 강력하게 집중력을 오래 유지하는 것이다. 또한, 반복하는 횟수도 보통 선수들보다 많고. 평범한 선수와 월드클래스의 차이는 평소의 훈련과 생활 중에도 축구에 집중하는 정도가 다르지. 메시나 호날두처럼 최고의 선수들이 습관적으로 하는 방법. 그런 멘탈의 차이가 바로 경기력의 차이로 나타나는 것이다. 1단계의 MS 방법을 비교적 잘 활용한 사람은 골프 황제 잭 니클라우스이다. 그의 방법을 먼저 알아보는 게 좋겠구나.

카 라 인터넷에 검색해보니 이런 내용이 있네요. 미국의 골프

황제 잭 니클라우스는 "나는 연습 삼아 샷을 칠 때조차도 머릿속에서 그것에 대해 아주 선명하고 뚜렷한 영상을 그려보지 않고서는 절대로 샷을 하지 않는다. 그것은 총천연색 영화와도 같다. 나는 제일 먼저 하얗고 멋진 골프공이 연초록색 잔디 위의 어디쯤 떨어질지를 '본다'. 그리고는 장면이 재빨리 바뀌어 공이 그곳으로 가는 모습을 '본다'. 그 공의 운동 경로, 속도, 궤도, 형태, 그리고 착지하는 움직임까지 '본다'. 그런 다음에는 심상의 흐려짐이 일어나고, 곧이어 그 이전 이미지들을 현실로 바꿔줄 스윙을 하고 있는 내 모습이 보인다."라고 했네요.

치우천왕 사실이다. 특별한 생각 없이 친 샷은 뇌에 회로를 형성하지 않기에 연습 효과가 없다. 명확한 생각과 집중해서 실행한 연습이 뇌에 뚜렷한 회로를 형성하고, 공간의 전자기에너지 장에 기록되어 실전에서 영향을 미치기 때문이다.

카 라 이건 중요한 사실 같은데요. 그냥 친 샷이 연습 효과가 없다면, 그럼 그냥 차기만 한 축구공도 연습 효과가 없다는 사실과 같잖아요..

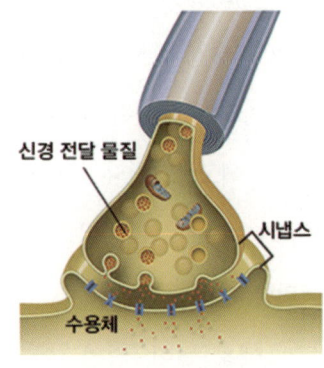

시냅스간의 신호 전달

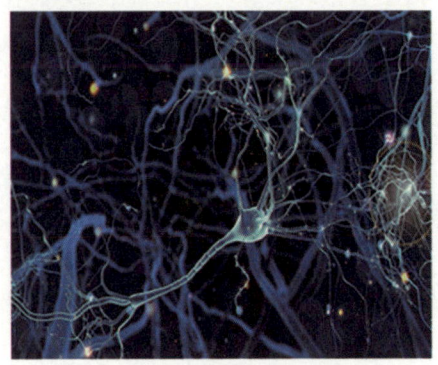

뉴런(신경세포)의 네트워크

뇌신경회로 형성과 작용

8. 슈팅 훈련이 아니라 골 넣는 훈련을 하라/실전처럼 연습처럼

치우천왕   그렇지. 평소 훈련할 때 아무 생각 없이 그냥 차는 경우가 얼마나 많으냐? 이렇게도 차보고 저렇게도 차보면서 무수한 시행착오를 겪으며 조금씩 나아지기는 하지. 팀훈련이 끝나면 개인 훈련으로 보충하기도 하고. 그러나 실전에서는 유효슈팅이 적고, 또 골이 적게 나오는 근본 원인은 다른 데 있다. 왜 골을 넣기가 어렵다고 생각하느냐?

카 라   그건 여러 가지 이유가 있지요. 예를 들어, 결정적인 찬스가 쉽게 오는 게 아니고, 전혀 예상할 수 없는 상태로 공이 온다든지, 디딤발의 안정성이 부족해서 공을 차는 임팩트가 부정확했다든지, 너무 서둘러서 자세가 흐트러졌다든지, 아니면 수비수가 밀착해서 마크하기 때문에 침착하게 차 넣기가 어렵고, 때로는 아무리 잘 차도 상대 골키퍼의 슈퍼세이브 때문에 못 넣기도 하지요. 실전에서는 상대 수비의 강한 압박과 싸워야 하므로 골을 넣기가 쉽지 않다구요.

치우천왕   생각은 물질이고 끊임없이 변하면서 작용한다는 사실을 기억해 보아라. 미래는 결정된 것이 아무것도 없다. 실전에서 골이 들어갈 상황도 결정된 것이 없고, 똑같은 경우도 단연 없다. 그러므로 평소에 슈팅 훈련할 때부터, 자신이 원하는 상황을 만들도록 초집중하여 킥하면서 MS로 구축하는 게 그렇게 중요한 이유다. 골 넣는 습관을 만들어라.

카　라　골 넣는 것도 본능처럼 습관이 될 수 있다는 생각이 드는군요.

치우천왕　당연히 될 수 있다. 인간의 DNA는 부모에게서 유전으로 물려받지만, 생각과 말과 행동으로 끊임없이 변한다는 것은 잘 알려지지 않았는가? 이 책의 앞에서부터 차근차근히 읽어온 독자가 MS 내용을 이해했다면 원샷원킬은 방법에 따라 마스터가 가능함을 이해하리라.

카　라　MS가 원샷원킬의 비결인가요?

치우천왕　확실히 그렇다.

카　라　그럼 보통 선수들이 많이 하고 있는 심상 훈련(이미지트레이닝)과 MS의 차이가 어떻게 다른지…, 얼핏 비슷해 보이는데 상세하게 알려주실 수 있나요?

치우천왕　그러자. 일반적인 심상 훈련과 MS는 큰 차이가 있다. 상상(imaging)하는 것과 상상력(imagination)을 사용하는 것은 전혀 다른 것임을 알아야 한다. 상상하는 것은 '골을 잘 넣어 박수갈채를 받으며 화려한 세리머니를 하고 유명한 선수가 되는 그림을 그린다든지, 성공하여 멋진 차를 타고 다닌다 등 백일몽을 꾸는 것을 말한다.

카　라　반면에, 상상력을 사용하는 것은 구체적이고 세밀하게 디자인하여 MMP(멘탈 자기력)가 뇌세포에 각인되고 회로를 굵게 형성하여 실현되도록 하는 것이 되겠네요. 다른 예를 들면, 전기나 컴퓨터에 대해 모르는 사람도 가전제품을 사용하는 데에 아무 불편함은 없죠. 새 제품이 필요하면 값을 지불하고 사서 쓰면 되는 것이고. 하지만 자기가 필요로 하는 제품을 만들어 낼 수는 없습니다. 그러나 MS는 자기가 원하는 제품을 만들 수 있다는 것이지요?

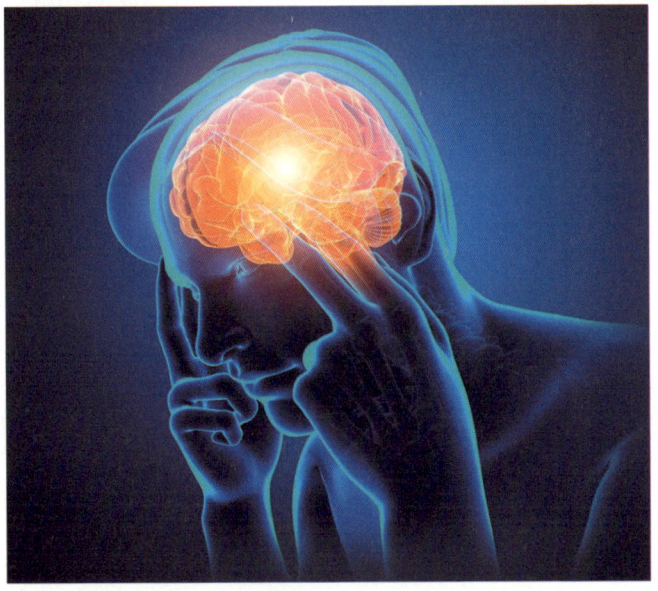

치우천왕 그렇지. 소프트웨어 측면으로 비유하자면 심상 훈련은 스마트폰으로 전화하고 검색하고 SNS를 활용하는 정도지만, MS는 각종 앱을 스스로 만들고 이용하면서 사업적으로도 다방면으로 활용할 수 있는 셈이지.

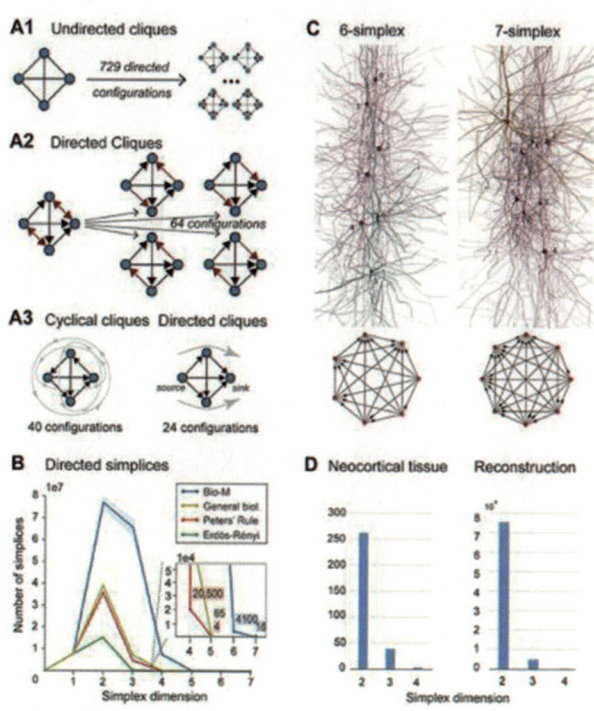

새로운 신경세포들이 형성되는 이미지

카 라   하드웨어로 비유해보자면, 이미지 트레이닝(일반적인 심상 훈련)이 소비자라면 MS는 삼성전자나 LG전자 같은 거대 기업만큼의 차이가 있다는 것. 음~ MS에 대해 잘 알아봐야겠군요. 그럼 3단계는 어떻게 하는 것인가요?

치우천왕   1단계의 심상 훈련과 2단계의 명상상태에서 하는 MS를 정확히 이해하고 잘 활용하면 원샷원킬뿐 아니라, 다방면에서 대단히 유용한 결과를 얻을 수 있을 것이다. 3단계는 공간의 마음 에너지를 호흡하며 조절하는 방법인데, 아직 필요치 않구나. 앞으로 진행되는 상황을 고려

카　라　그러시지요. 심상 훈련에 주의해야 할 부분은 없을까요?

치우천왕　중요한 질문이다. MS 심상화의 효과는 양날의 칼처럼 작용한다. 긍정적으로도 작용하지만, 부정적으로는 감정이 더 쉽게 반응하기에 근심이나 걱정, 분노와 미움, 시기나 질투하면서 좋지 않은 감정에너지를 키우면 그런 상황이 더욱 크게 다가오지. 두려워하는 것은 어떤 상황에서든지 경험하도록 끌어당김의 법칙이 작용하듯 긍정적인 감정도 마찬가지이다.

카　라　그래서 인간은 자주 긍정성과 부정성 사이를 왔다 갔다 하고…….

치우천왕　목표를 매일 생각하고 그려보는 것은 아침에 잠 깨어서 즉시 하는 것과 밤에 잠자기 전에 하는 것이 더 효율적이다.

카　라　그건 상식이지요.

치우천왕　상식인데 그렇게 실천하는 사람은 매우 적지.

카　라　맞아요.

치우천왕　여기까지는 일반적으로 많이 알려진 방법이고 책으로도 수 천 권이 발행되어 있다.

카　라　그럼 고급 비법에 대해 알려주시지요.

치우천왕　그러자꾸나. 골 넣는 습관이 왜 중요한지를 좀 더 이해하기 쉽도록 20 vs 80 법칙에 대해 얘기해보자.

카　라　일명 파레토 법칙을 얘기하시는건가요? '20%의 원인이 80%의 결과를 만들어낸다'는 것 말이죠.

치우천왕 그렇지. '가장 잘 팔리는 제품 20%가 매장 매출의 80%를 차지한다.'

카 라 '가장 부유한 사람들 20%가 국부의 80%를 차지한다.'

치우천왕 '상위 20%의 작곡가의 곡이 전체 재생 횟수의 80%를 기록한다.'

카 라 '상위 20%의 남녀가 연애경험의 80%를 보고 한다.'

치우천왕 '상위 20%의 축구선수가 80%의 골을 넣는다.'

카 라 '온라인, 모바일 게임에서는 상위 결제 유저 20%가 게임 수익 80%에 영향을 준다.'

치우천왕 '올림픽에서 상위 20%의 국가가 메달의 80%를 가져간다.'

카 라 '위키백과의 문서 기여도는 상위 20%의 위키러가 80%의 문서를 작성한다.'

치우천왕 '80%의 노력은 롱테일 법칙에 해당한다.'

카 라 예를 들자면 많지만, 그 정도만 해도 충분하지 않나요?

치우천왕 그렇지. 우리에게는 상위 20%의 축구선수가 80%의 골을 넣는다는 통계를 참고로 해서 골 잘 넣는 비법을 마스터하면 되겠지.

카 라 당연하지요. 경기 중 80%의 공을 점유해도 20%의 역습으로 골을 허용하면 지는 게 되니까요.

치우천왕 그래서 개인 시간의 80%를 골 넣는 MS에 할당하면 세계적인 골잡이로 소문날 것이다.

카 라 개인 시간의 80%를 골 넣는 심상 훈련에 할당하는 것을 진지하게 생각해봐야겠군요.

치우천왕 그냥 심상 훈련이 아니라 MS로 해야 한다. 그냥 심상하는 것은 상상(Imaging)하는 것이고, MS로 하는 것은 상상력(Imagining)으로 창조하는 것이다.

카 라 구체적으로 MS를 이용해서 어떻게 한다는 거죠?

치우천왕 골을 잘 넣는 선수들을 분석해보면 어렵게 넣는 것이 아니라 골이 들어갈 위치에서 정확히 차 넣는 것이다. 아무리 골 에어리어 근처에서 강하게 킥을 하더라도 앞에 수비수들이 몸으로 막고 있다면 들어가지 않는다. 오히려 골대 맞고 튀어나오는 공이나 골키퍼의 손에 맞고 나오는 세컨드 볼을 차 넣기가 더 쉽다. 그렇다면 그 위치를 선점하는 게 비법이다. 리오넬 메시나 크리스티아누 호날두 등 특급 골잡이들의 골 잔치를 잘 살펴보면 확연하다. 웨이트트레이닝을 하면서도 끊임없이 자신의 앞으로 공이 오도록 심상훈련을 한다. 즉 공과 상황을 자신에게 끌어당기는 것이다.

카 라 …운이 좋아서 자신의 앞으로 공이 떨어지면 좋지만, 대부분은 공이 어디로 떨어질지 모르잖아요.

치우천왕 자신의 앞으로 떨어지게 만들면 되지 않겠느냐?

카 라 어떻게요?

치우천왕 수비수가 없고 골키퍼의 손발이 닿기 어려운 골대 상단(야신 존) 구석으로 공을 차 넣는 MS의 심상 훈련을 정확하게 하면 된다. 생각은 물질이다(Thoughts are things). 그러나 생각하는 것(Thinking)과 상상력(Imagination)을 사용하는 것은 다르다. 생각은 이것저것 연관된 것으로 의식이 분산되지만, 상상력을 사용하는 것은 새로운 것을 창조하는 행위로써 첫째, 마음을 집중해야 한다. 둘째, 명확한 영상을 창조해야 한다. 셋째, 마음의 눈앞에 두고 볼 수 있는 현실성의 능력이 필요하다. 상상력이 진정한 창조력이다.

카 라 생각과 상상력이 다르다. 미묘하고도 중요한 느낌인데요.

치우천왕 둘 사이의 차이를 명확히 이해하는 것은 매우 중요하다.

카 라 알 듯 말 듯한데 좀 더 자세한 설명을 해주세요.

치우천왕 실전에서 벌어지는 모든 상황은 비슷해 보여도 세밀한 조건에서는 운이라고밖에 할 수 없는 언제나 새로운 것들이다. 매 순간 소립자 차원에서 변하고 있다는 것을 생각하면 어려운 말이 아닐 것이다. 즉, 자신의 컨디션 상태, 경기 상황과 상대와 피지컬, 심리, 승패의 긴박감…. 수천 수만 가지의 요소들이 매 순간 다르므로 정확히 예측한다는 것은 불가능하지. 그러므로 그 상황을 자신이 원하는 그림으로 만들라는 것이다. 그것은 시도해보겠다는 용기와 행동이 필요하다. 실험해보면 검증되는 사실인데 굳이 말을 더 할 필요가 있을까?

카 라 수비수가 항상 마크하고 있는데 그게 가능할까요?

치우천왕 가능하다. 평소에 훈련할 때, 마크맨이 없으면 슈팅한 공을 골대 상단의 좌우 구석으로 거의 정확히 보낼 수 있지만, 수비가 강력히 밀착하면 어려워지지.

카 라 그렇지요.

치우천왕 그러니 그대가 예전에 실험해서 증명한 방법과 우리가 그동안 논의해온 MS를 적용하여 정리해보아라. 다음에 또 보자꾸나.

카 라 잠깐만요!

월드컵 우승을 위해서 가장 중요한 관건이 되는 원샷원킬의 비법에 대해 그와 나눈 대화는 오래 지속하였고 내용은 매우 광범위하다. 기상천외한 비법들이 많았지만, 여기서는 그 내용 중에 먼저 필요한 부분을 다음과 같이 정리해보았다.

9. 원샷원킬 최고의 비밀/믿을 수 없지만 사실이다

◆ 원샷원킬의 달인이 되는 MS 심상 훈련

① 원샷원킬의 1단계 기본 기술

1. 의자에 앉거나 편하게 누워서 심호흡을 서너 차례 하여 심신을 이완한다. 충분히 이완되면 심상(心像, 마음속 그림, 두뇌 속 그림, 정신적 이미지)으로 우선 P.T.A.(Prime Target Area – 페널티박스 안 골대 앞)에서 자신이 원하는 위치에 서있는 모습을 그린다(제3자의 객관적 관점으로). 가장 슛하기 좋은 공을 빠르고 정확한 임팩트로 골대 구석에 골인시키는 그림을 그린다. 상상력으로 퍼스트 터치의 정확한 임팩트 감각을 생생하게 느끼며(느낌은 자신의 감각으로), 공의 궤적이 골망을 흔드는 것까지 심상하는 게 중요하다. 그게 MS핵심이다.

〈먼저 인식할 조건〉
– 경기 중 P.T.A.(Prime Target Area, 골대 앞 가까운 곳)에는 언제 어디에서 어떤 공이 올지 모른다(1/1000sec의 반응이 필요).
– P.T.A.에서는 골대나 수비 맞고 나오는 공 등 전혀 예기치 못한 공이 자신에게 올 수 있음을 당연하게 받아들인다.
– 그러므로 P.T.A.에서 어떤 공이든 슛–골인시키는 MS 훈련이 필요한 것이다.

2. 페널티박스 내외의 어떤 위치에서든(Final third), 공이 어떤 각도로 오든, 어떤 빠르기로 오든, 어떤 자세에서든, 인사이드·아웃사이드·인프런트·인스텝·토킥·칩샷·헤더…, 어떤 공이든 원터치로 방향만 바꾸어 정확히 골대 구석으로 날아가는 공의 궤적을 쫓아가서 골망을 흔드는 것까지 심상으로 그린다. 혼전 중이든, 드리블이든, 패스로 오는 공이든, 크로스로 받는 공이든지 상대 수비와 GK가 반응할 수 없도록 반 박자 빠른 타이밍으로 처리해야 한다. 골대는 언제나 그 자리에 서 있고 빈 곳은 많다.

3. 처음에는 심상(마음의 그림)이 뚜렷하지 않거나 흔들리고 저항이 있을 것이다. 뇌 신경 세포와 회로가 적응이 안 되어서 그렇다. 반복하면 할수록 그림이 선명해지고 저항은 줄어들며 뇌 회로는 굵고 강해진다.

4. 그 슈팅과 골망을 흔드는 뇌의 회로는 시냅스 주변에 흐르는 약한 자기력을 모두 끌어당겨 흡수하면서 점점 더 강화된다. 골인하는 두뇌 회로가 굵고 강하고 빠르게 형성되어야 전신 근육도 강하고 빠르게 수축하고, 공간의 양자장에 형성되는 자기력의 회로(홀로그램)[7] 또한 동시에 반응한다. 그러면 경기마다 골 넣는 느낌이 생생해지고 수월해지는 것이다.

---

[7] 자기력의 회로(홀로그램, Hologram): 그리스어로 '완전한'이라는 의미의 'Holos'와 '정보, 메시지'라는 의미의 'Gramma'의 합성어로써 빛의 간섭현상에 의해 입체 영상이 구현되는 기술로 공간의 양자장에 기록됨.

> 뛰어난 운동선수, 대스타, 대성공을 거둔 어떤 방면의 천재라고 인정받는 사람들은 자신의 자아 이미지인 심적 표상을 매일매일 더욱더 새롭게 만들어나가는 재능과 노력이 부합된 결과다. 뇌의 가소성을 극대화하는 원샷원킬, 최고의 비법 중 한 가지가 바로 그것이다. 평범한 선수와 일류, 그리고 최고 선수와의 차이는 바로 자신의 심적 이미지를 얼마나 리얼하게 만들어내느냐에 달린 것이고, 평범한 감독과 뛰어난 감독의 기량 차이도 팀 전술의 심적 표상을 그려내는 마음의 무한확장 기능 활용 여부에 좌우된다.

② 원샷원킬의 1단계 숙달 기법

위의 1단계 이미지 훈련을 충분히 시행했다면, 그것만으로도 골 결정력이 한층 높아진다. 한 걸음 더 나아가 숙달시키는 기술은 실제 경기장의 골대 근처와 페널티에어리어 안팎의 어느 곳이든 원하는 위치에서, 공 없이 심상만으로 2번처럼 골 넣는 MS 훈련을 행한다(경기가 펼쳐질 경기장이면 더욱 좋다). 임팩트의 생생한 느낌과 공의 정확한 궤적에 대한 기억을 간직하여 실내에 돌아와서도 자주자주 되새긴다. MMPS(Mental Magnetic Power System, 정신자기력 체계)는 시공간에 제약을 받지 않고 작용하기 때문에 심상의 공간과 실제의 공간 사이에 MP(Magnetic Power, 자기력)연결이 강화되기 시작하면 그 느낌이 실제로 육체에서 반응을 나타낸다. 그러면 누구에게나 점점 습관이 붙고 본능처럼 정착되어 사용할 수 있게 된다.

③ 원샷원킬의 1단계 기법 완성

찬란한 조명 속에 울려 퍼지는 힘찬 응원가, 대~한민국! 짝 짜악짝 짝 짝! 신나는 음악을 들으며 자신이 주전으로 출전하여 피치에 서서 관중들이 환호하는 경기장 분위기를 한껏 고취시키면서 심상 훈련을 한다. 단순한 머릿속 심상에서 나아가 청각 효과를 같이 동원한다. 음료를 마시면서 자신과 동료의 후끈한 땀 기운을 냄새 맡는다. 상대 수비수에 둘러싸여 있지만, 절묘한 방향 전환으로 슛-골인시키고, 골 세리머니하며 동료들과 격하게 포옹하는 감각 등 오감을 생생하게 느낄수록 심상의 현실화는 아주 가깝게 다가온다.

나폴레옹이 "전쟁은 상상이다."라고 했는데, 그는 상상 속에서 몇 날 며칠이고 모의전쟁을 치르며, 완벽한 승리를 할 때까지 먹지도 자지도 않고 상상해냈고, 실제로 그렇게 승리했다. 명장과 최고의 선수란 그런 사람이다

---

④ 원샷원킬의 2단계 심화 기술

골 넣는 동영상 + 명상 호흡 + MS심상만으로 몸에 체득됨
⇒ 더욱 정교하게 기술 발전, 습관으로 형성

⑤ 원샷원킬의 3단계 고급 기술

그룹 전술, 팀 전술에 MS 명상호흡법 + MS 정신호흡법을

더하여 진정한 원팀으로 응집되어 경기력을 극대화시키는 기법. 일단 습관이 되면, 하루 30분만 MS로 하면 된다. 그러면 경기 전날이나 전전날에도 미리 골을 넣는 모습이 보이기도 하고, 실전에서는 킥한 공이 천천히 날아가는 것처럼 보이기도 한다.

* 몇 번쯤 심상 훈련을 하면 경기마다 골 넣은 습관이 형성될까?
- 처음에는 5분, 10분 15분 정도 집중하여 MS 골 넣는 연습을 해보라.
- 1시간에 2~3천 번은 무난하게 골인 심상 훈련을 할 수 있다. 매일 한 시간씩 MS 훈련을 한다면 머지않아 습관이 되고, 자나 깨나 행주좌와 골 넣는 심상 훈련을 한다면 매우 빠르게 습관으로 정착될 것이다.
- 근육통이나 신체적 피로감은 거의 없고, 뇌의 피로감만 약간 느껴지는 정도이므로 즐겁게 오래 자주 할 수 있다.

* 중요한 경기를 앞두고는 3일간 집중적으로 MS 골인 훈련을 하면 골도 넣고 멀티 공격포인트를 올릴 수 있다. 자신감이 아니라 확신이 든다.

* 선수가 훈련에 임하는 태도가 중요하다. 사소해 보이는 것일지라도 정성스럽게 최선을 다해야 한다. 정성스럽게 계속하다 보면 그것이 뇌와 몸에 스며들고, 공간과의 강력한 자기장이 형성된다. 내면에서는 자신감이 확신으로 변하고, 실전에서는 자연스럽게 겉으로 배어 나오게 된다. 그게 실력 곧 경기력으로 원샷원킬의 달인이 되는 길이다.

10. 천억 원의 가치가 있는 원샷원킬 프로그램

◆ 천억 원의 가치가 있는 실험해볼 만한 MMPS 원샷원킬 프로그램

〈근거 1〉

 프로급 선수들의 기량은 어려서부터 10년 넘게 무수한 훈련과 시행착오를 거치며 형성된 것이다. 육체의 모든 동작과 기능은 두뇌에 기억되고, 뇌와 육체의 움직임은 동시에 작동하며 서로 영향을 미친다. 심상훈련은 실제 육체 훈련의 80~90% 효과가 있다는 것이 정설이다. 예를 들어 80분간의 슛-골인 심상훈련은 육체적 훈련 1시간

의 효과와 맞먹는다는 것(일부 심리학자는 심상훈련이 실제 훈련보다 7배나 효과적이라고 주장함. 근거 있음). 육체적 훈련은 하루 4시간 이상 격렬하게 한다면 오래 견디지 못하고 반드시 적절한 기간의 휴식을 통해 회복을 해야 한다. 그러나 멘탈적인 심상훈련은 지치지 않고 오래도록 계속할 수 있다. 나아가 뇌의 가소성을 최대로 발현시킬 수 있으며, 그 누적되는 효과는 육체적 훈련의 한계를 뛰어 넘어 무한하게 증폭될 수 있다. 그러므로 뇌신경 가소성에 대한 깊은 이해를 바탕으로 하는 MS심상훈련의 중요성과 자세한 훈련방법론에 대해 심도 깊은 재고가 필요하다.

〈근거 2〉

네이마르(브라질) 뇌 실험

일본 뇌 정보통신 융합연구센터의 나이토 에이이치 박사 등은 뇌의 활동을 영상화할 수 있는 fMRI를 이용하여 네이마르 선수를 포함한 7명의 축구선수 피실험자의 뇌 활동을 검사했다.

네이마르 선수의 뇌에서는 운동에 관계하는 영역이 많은 부분에 걸쳐 활동하고 있었고, 한편 스페인의 2부 리그에 속한 프로축구선수의 경우에는 네이마르 선수만큼의 뇌 활동은 보이지 않았다.

또 페인트 동작을 상상하는 것과는 별도로, 발목을 실제로 돌리게 하면서 운동 지령을 보내는 뉴런(신경세포)이 분포하는 대뇌 영역의 활동도 측정했다. 그 결과 발목을 실제로 돌리면서 하는 운동의 영역은 페인트 동작을 상상할 때의 영역보다 눈에 띄게 작다는 점이 밝혀졌다.

다양한 페인트(faint) 동작으로 상대 선수를 제치는 장면을 머릿속으로 그리게 하면서 뇌의 활동을 측정했다.

"네이마르 선수의 뇌는 다양한 페인트 동작 운동 프로그램을 가지고 있으며, 이것을 상황에 맞추어 선택하거나 바꾸어 가면서 구체적으로 준비해 구현하는 능력이 높다고 생각된다."

"또 실제로 운동을 할 때, 운동 달인의 뇌는 효율적으로 작용하면서, 그것이 군더더기 없는 정확한 운동으로 이어지고 있다." (나이토 박사)

<근거 3>

사비 에르난데스(스페인, 전설적인 패스 마스터)는 "나는 경기장에서 일어나는 모든 일을 파악하고 있다. 내 눈엔 위에서 내려다보는 것처럼 그라운드가 훤히 보인다"며 "축구는 육체보다 두뇌가 중요한 운동이기 때문에 머리가 나쁜 선수는 절대 축구를 잘할 수 없다."고 말했다. 사비의 뇌 검사 결과, 정보처리 속도가 굉장히 빠르며 직감력과 공간 인지 능력이 뛰어난 것으로 밝혀졌다.

◆ **이미지트레이닝 사례 1**

　구소련에서 국가대표급 엘리트 선수들을 대상으로 실시한 실험 결과는 이미지트레이닝과 멘탈 코칭의 중요성을 알게 해주는 사례로써 자주 인용되는 내용이다. 실력이 엇비슷한 선수들을 3그룹으로 나누어 A그룹은 100% 철저한 운동기술훈련을 시켰고, B그룹은 30%의 이미지 트레이닝과 70%의 실제 훈련을 하고, C그룹은 70%의 이미지 트레이닝과 30%의 실제 훈련을 시켰다. 실험 결과는 C그룹이 가장 성적이 좋게 나왔고, 그다음 B그룹이었으며, A그룹은 크게 좋아지지 않았다고 한다.

◆ **이미지트레이닝 사례 2**

　캐나다에서 대학 농구팀을 대상으로 이미지트레이닝을 실시한 실험 결과도 비슷하게 나왔다. 먼저 실력이 비슷한 수준의 학생들을 3그룹으로 나누어 A그룹은 20일 동안 매일 30분씩 자유투 연습을 시켰고, B그룹은 아무 연습을 하지 않도록 했다. C그룹은 매일 30분씩 이미지트레이닝으로 자유투하는 연습을 시켰다. 실험 결과 A그룹은 자유투 성공률이 24% 향상되었고, B그룹은 아무런 변화가 없었다. 중요한 것은 실제 연습을 하지 않고 이미지트레이닝만 했던 C그룹의 자유투 성공률이 23%나 향상되었다는 사실이다.

> 특히 사례1에서 C그룹의 성적이 가장 좋게 나온 이유는 이미지트레이닝으로 뇌의 신경회로를 굵게 형성시키면서 실제 훈련을 함으로써 효과적인 실력 향상을 가져온 것이다.

◆ 이미지트레이닝 사례 3

미국의 일리노이 대학에서도 재미있는 실험을 진행했다. 이 대학 농구팀 선수들을 A, B, C 3그룹으로 나누어 A그룹 선수들에게는 한 달 동안 실제 자유투 연습을 시키고, B그룹 선수들에게는 한 달 동안 슈팅 연습을 시키지 않았다. C그룹의 선수들에게는 매일 30분 동안 마음속에서 자신이 직접 공을 던져 득점하는 장면을 그려보고, 또 자신의 기량이 점점 향상되는 모습을 상상하게 했던 것이다. 그런데 한 달이 지난 후 놀

> 어떻게 몸을 움직이지 않고 상상만 했는데도 실제 훈련을 열심히 한 선수들과 기량 향상이 똑같이 일어날 수 있을까? 그것은 두뇌의 특성 때문이다. 우리 뇌는 실제로 몸을 움직여 활동할 때와 상상만 할 때를 구별하지 못하고 똑같이 회로가 형성되며 반응한다는 것이다. 일명 뇌를 착각의 챔피언이라 하는 이유이다. 뇌의 이런 성질을 이용해서 특별한 효과들을 볼 수 있는 훈련방법들이 많이 있다. 그중 가장 강력한 훈련방법은 MS 상상력을 발휘하여 거울뉴런 효과를 유도하는 것이다.

라운 결과가 나타났다. 전혀 훈련하지 않은 B그룹은 예상대로 아무런 진전이 없었다. 하지만 매일 체육관에서 실제 훈련을 한 A그룹과 마음속으로 이미지트레이닝만을 한 C그룹 선수들이 슈팅 득점률에서 똑같은 25%의 향상을 보였다는 점이다. (그 외에도 수많은 사례들이 있다.)

1 MS로 원샷원킬을 마스터하는 실험 방법과 다양한 훈련법

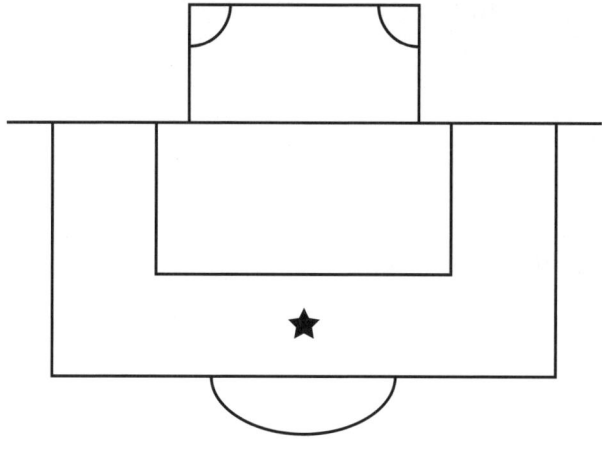

1. PK 마크에서 골대 상단 양쪽 구석(90cm, 야신존)에 차 넣기(농구에서 자유투 방식의 골인 훈련)- 성공률 기록

2. 실험의 객관성을 입증하기 위해서는 A(실험군), B(대조군),

C(비교군)의 3팀을 선정하여 각각의 골인 성공률을 측정한다.

3. 일정 기간(2~4주간) A, B, C 그룹이 정해진 방법으로 실제 훈련과 심상 훈련을 시행한 후에 다시 각각의 성공률을 측정한다.

4. 더욱 확실한 실험과 검증을 위해서라면 PA 근처의 다양한 지점에서 동일한 방법으로 실험하면 된다.

5. 정지된 공의 골인 성공률이 검증되면 다음과 같은 다양한 실험을 할 수 있다.

② 크로스에 이어진 슛-골인

(1) 자신이 핀포인트 크로스(정확한 크로스)하여 동료(선수 지정)가 골 넣는 모습을 공의 궤적과 함께 출렁이는 골망까지 정확히 그린다.

(2) 동료(명확한 이름)의 핀포인트 크로스가 날아오는 공의 궤적을 그리고 자신이 원터치로 골망을 흔드는 모습까지 선명하게 그린다.

(3) 3자 시각으로 동료가 핀포인트 크로스하고 또 다른 동료가 골인시켜 골망이 출렁이며 동료들이 환호하는 모습을 그린다.

(4) 바이시클킥(오버헤드킥)을 MS심상으로 수없이 시행하면 그런 상황을 끌어당겨 실전에서도 실제로 그런 상황이 자주 발생한다.

(5) 50미터 장거리 슛-골인도 MS심상으로 수없이 시행하면 그런 장면이 실제로 자주 나타난다.

③ **환상적인 2:1 벽패스로 돌파하여 슛-골인하는 MS 훈련**

(미드필드에서도 공격진 모두 하나하나씩 수행하여 완성도 높은 부분 전술을 여러 가지 만든다.)

④ **코너킥이나 프리킥의 다양한 패턴을 만들어 실험하고 완성시킨다.**

⑤ **환상적인 발리 슛-골인, 하프 발리 슛-골인 퍼레이드 완성, 원터치만으로 두 번째 혹은 세 번째에 방향만 바꾸어 슛-골인 완성, 론도[8]를 응용, 키(key)패스로 슛 골인하는 다양한 장면을 전개한다.**

---

8 론도: 5대2~9대2를 형성해 2명은 중앙에서 강하게 압박하며 공을 탈취하고, 나머지 선수들은 둥글게 모여서 2명의 압박을 피해 패스를 최대한 연결하는 훈련. 볼 컨트롤, 패스, 시야, 탈압박, 잘못된 패스도 한 번의 좋은 터치로 공을 다루기 편한 위치로 내려놓을 수 있는 '수정능력'까지 길러주는 훈련법.

⑥ 선수 각 개인의 포지션과 특정 기술별, 성격과 성향별로, 체질에 맞는 맞춤식 프로그램을 계획한다.

예를 들어,

1. 풀백은 자신이 공을 잡는 순간, 빌드업이 시작되며 동료들이 제각기 공간을 만들어 움직이는 심상을 그리며 항상 2개 이상의 선택지를 그린다.

2. 수비형 미드필더는 공을 받는 순간, 공격진이 빠르게 빈 곳으로 벌려 나가는 심상을 그린다.

3. 공격형 미드필더는 공을 받으러 움직이는 순간 동료 공격수들이 최적의 공간으로 파고드는 것을 심상한다.

4. 공격수는 위의 [2] 크로스에 이어진 슛-골인을 실행하면 된다.

5. 골키퍼는 자신의 볼 처리가 완벽하게 빌드업과 공격으로 이어져 통쾌하게 슛-골인하는 장면들을 그린다.

6. 공격진이 공을 빼앗기면 재빠르게 압박하여 공을 되찾아 패스하는 심상을 생생하게 그린다.

7. 상대의 빌드업 상황이 되면 압박을 가하는 동시에 동료들

이 제각기 맡은 임무의 안정된 수비 진형을 갖추는 모습을 심상한다.

8. 최고 장면의 동영상을 통해 좋은 기술은 MS 심상으로 자신의 기술로 만든다.

9. 특히 실전을 벌였던 경기는 영상미팅을 하면서 공수 간에 의미 있고 성공적이었던 장면들을 캡쳐하여 피드백과 특별한 점을 기록하고, 각자의 잠재의식에 깊이 새겨 놓는 것이 중요하다.

> 선수 개개인은 눈으로 보는 것이 우세한 시각형, 소리로 듣는 것에 강하게 기억하는 청각형, 손과 몸으로 접촉하는 것에 민감한 촉각형, 생각하지 않고 즉각 알아차리는 직감형, 다른 상황과 사람에게 의식이 감응하는 투사(投射)형, 골고루 발달되어 있는 융합형 등으로 제각기 다르므로 각자의 특성에 맞게 잘 디자인하는 게 좋다.

7 MS훈련의 효과를 실제 경기로 검증하는 방법 〈1〉

1. 팀 내의 주전 선수팀은 일정 기간(2~4주간) 평소와 같은 방법으로 훈련하고, 백업 멤버팀도 역시 일정 기간(2~4주간) 컨디션 유지를 위한 기본 훈련만 하면서 개인전술, 부분 전술, 팀 전술에 대해 MS 심상 훈련만 시행한다.

2. 일정 기간(2~4주간) 경과 후에 경기를 벌인다. 백업 멤버

팀의 경기력 변화에 놀랄 것이다.

⑧ MS훈련 효과를 실제 경기로 검증하는 방법 〈2〉

1. 승점에 부담 없는 친선 경기를 대비해서 역시 일정 기간 (2~4주간) 주전 선수팀은 평소와 같이 훈련하고, 백업 멤버팀은 같은 기간 컨디션을 유지하는 기본 훈련만 하면서 MS 심상 훈련으로 실전처럼 시행한다.

2. 친선 경기에서 전반전은 주선 선수팀이 뛰고, 후반전은 같은 포메이션으로 백업 선수들이 경기를 뛴다. 역시 후반전의 경기력 변화에 놀랄 것이다.

3. 자체 청백전을 다양하게 구성하여 시범 경기할 수도 있다.

⑨ MS 심상 훈련의 다양한 활용

공격수, 수비수, 미드필더, 골키퍼는 각자의 역할에 맞게 응용하면 되고, 상대 팀의 전력과 개개인의 특성에 맞추어 대응한다. 실제로 해보면 확연히 검증되는 것이니 실험하여 검증해 보기 전에 왈가왈부할 필요가 없다.

⑩ 야구, 농구 배구, 핸드볼 등 구기 종목뿐 아니라 개인 종목과 모든 스포츠에도 MS를 적용할 수 있다.

(얼마만인지 세월이 흘러 다시 잊혀질 즈음에 불현듯 그가 다시 나타났다.)

카 라   왜 이렇게 오랜만이신가요?

치우천왕   천상에서도 무척 바빴단다.

카 라   천상에서 무어 그리 할 일이 많으신가요?

치우천왕   인간들이 상상하지도 못할 만큼 천상에서는 많은 일이 벌어지고 있지.

카 라   후아~.

(그동안 정리한 자료들을 보여주며)

지난번 논의한 원샷원킬에 관한 내용을 이렇게 정리해보았는데 어떤가요?

11. 세계 명장들도 모르는 골 넣는 습관 만들기

치우천왕   매우 좋다. 그렇게 숙달시키면 본능적으로 골 넣는 습관이 형성되고 경기력은 일취월장할 것이다.

카 라   상대 팀이 두 줄 수비 혹은 텐(Ten)백으로 밀집수비를 한다면 골문 앞에 접근하는 자체가 어려울 텐데 중거리 슛은 어떨까요?

치우천왕   중거리 슛도 똑같이 작용한다. 그런데 대부분의 중거리 슛은 공이 뜨지 않느냐? 그러므로 평소 훈련할 때에 MS로 상체를 앞으로 숙여 임팩트를 정확히 하는 게 필요하다. 자신이 좋아하는 거리와 각도에서 원하는 강도의 킥이나 휘어지는 킥으로 골문에 빨려 들어가는 그림을 정확히 그리면 된다.

카 라   몇 번쯤 하면 될까요?

치우천왕   많이. 아주 많이. 잠재의식에 새겨질 때까지. 그렇게 되면 골 넣는 기계처럼 경기마다 멀티골을 넣는 것도 가능해진다.

카 라   정말 매 경기 멀티골을 넣을 수 있을까요?

치우천왕   물론이다. 골대 근처에서는 아주 작은 차이로 안타깝게도 골이 안 들어 가는 경우가 얼마나 많은가? 반대로,

골이 들어가는 대부분의 경우는 빗맞아도 잘 들어간다. 골대 맞고, 굴절되고, GK 실수로, 수비수 실수로, 운 좋게도 여러 명의 다리 사이를 지나 빈 곳으로 잘도 들어간다. 그러므로 골 운이 잘 따르도록 즐겁게 MS 훈련을 하도록 하라.

카　라　유소년이나 여자 축구에서도 같이 작용할까요?

치우천왕　유소년이나 여자축구선수들은 힘과 스피드에서 성인 남자보다 약하므로 어려서부터 부모나 지도자가 MS 방식으로 인도해주면 효과는 더 크게 나타날 것이다.

카　라　장담하시나요?

치우천왕　나는 장담 같은 것은 하지 않는다. 그냥 알기 때문이다.

카　라　그냥 안다구요?

치우천왕　그렇다. 인간의 두뇌와 마음이 작용하는 방식으로 잠재의식(중추신경과 말초신경과 자율신경계)을 활용하면 분명히 강력하게 작용한다는 것을 알기 때문이다. 습관이 붙고 본능적인 움직임으로 되면 그냥 천부적인 재능처럼 작용한다. '연습이 천재를 만든다'는 말이 있지 않으냐? 그러므로 골 넣는 연습 방식을 바꾸어라. 1 더하기 2 더하기 3 더하기…, 10까지 더하면 얼마가 되느냐?

카　라　그야 55가 되지요.

치우천왕　그렇게 확실한 결과를 장담할 필요가 있을까?

카　라　없지요.

치우천왕 마찬가지다. MS 심상 훈련으로 잠재의식에 새겨지면 어떤 골이라도 넣을 수 있다는 것을 장담할 필요는 없다는 것. 잠재의식은 모든 사람이 연결되어 있고 경기장의 공간과도 연결되어 있다. 그래서 생각(Think)하는 것과 상상력(Imagining)을 사용하는 것의 자기력 에너지 차이를 이해했느냐?

카 라 이해했습니다. 그럼 수비수가 골 넣는 습관을 만드는 것도 가능한가요?

치우천왕 가능하다. 수비수든 골키퍼든 골을 넣을 수 있는 능력은 모두 갖추고 있다.

카 라 어쩌다 한 골 넣는 것 말고 수비수도 경기마다 골을 넣을 수 있느냐는 것이지요.

치우천왕 그럴 수 있다. 보지 않고 믿는 자에게는 복이 있나니. 그러나 수비수는 일차적으로 상대 공격을 막아내는 것이 임무 아닌가. MS 기법을 활용하여 멋진 빌드업과 킬패스로 골도 잘 넣는 세계적인 수비수가 되는 게 좋겠지.

카 라 사람의 뇌는 상상과 실제를 구별하지 못하여 마음으로 믿으면 현실로 나타난다는 그런 뜻인가요?

치우천왕 정확하다. 보이는 게 다가 아니고 믿는 것을 보게 된다.

카 라 혼자 골을 넣는 원샷원킬은 그렇게 한다 해도 축구는 혼자 하는 게 아니잖아요?

치우천왕 미드필더, 특히 플레이메이커라면 골잡이가 골을 넣도록 도움을 주는 방법도 1~4까지 MS로 심상을 그리면 공격수는 더 수월하게 골인을 만들 수 있지. 즉 골잡이에게 절대 유리한 오프 더 볼의 상태를 만들어주고 어시스트 하는 것이다. GK나 수비수나 미드필더는 빌드업하는 과정을 정확히 그리면 된다. 원샷원킬에 대한 MS 방법은 매우 중요하므로 앞으로도 여러 번 더 깊이 논의해보자.

카 라 유명한 스티브 잡스가 "인생에서 가장 후회되는 것은 할 수 있었는데, 하지 않았다는 것이다." 라고 했던 말이 생각나네요. 그런데 잠재의식에 새겨지려면 수백 수천 번으로는 안 될 것 같고…, 수만 번, 아니 수십만 번쯤 해야 할 것 같은데, 언제 그렇게 하지요?

치우천왕 천의 법칙이 있다. 무엇이든 천 번을 해보라는 것이다. 천 번을 해보기 전에는 되네 안 되네 하지 말라는 것. 한 동작, 한 슈팅을 정성껏 천 번을 하면 숙달된다는 뜻이지. 전심전력으로 하면 3일(72시간) 만에도 가능하다. 초집중몰입으로 양자도약 같은 성취도 일어날 수 있다.

카 라 천의 법칙이라면, 천수천안관자재보살이나 요가의 사하스라라 차크라의 천 개의 연꽃잎 등이 연상되는군요.

치우천왕 그렇다. 창조의 법칙 중에서 천의 법칙이 작용하지. 한 골의 값어치를 환산하면 얼마나 될까?

카 라 그거야 경기마다 다르지요.

치우천왕 그렇지. 평가전에서 5:0으로 이기고 있는데 1골 더 넣는 것은 값으로는 얼마 되지 않겠지. 그러나 결승전에서의 한 골은 그대로 우승의 향방을 결정지을 수도 있을 테니 무척 값지지. 월드컵 결승골은 천억 원 이상의 가치가 있다고 말하겠다.

카 라 한 골의 값이 천억 원이라. 하긴, 중국에는 만일 중국팀이 우승한다면 천억 원을 내놓겠다는 사람이 여럿 있을 거 같네요.

치우천왕 골인의 값어치는 그렇게 대단하므로 골인 연습에 매진하라. 우리 팀에 경기마다 확실히 골을 넣는 선수들이 있다는 것은 얼마나 신나는 일이냐? 그러면 축구를 즐기는 문화가 더 빠르게 정착되겠지.

카 라 여기에 꿀 팁을 하나 더한다면, 앞으로만 차지 말고 수비수를 옆에 두거나 뒤에 두고 발리슛으로 골 넣는 연습을 하면 매우 좋겠네요. 헤더와 발리슛, 발리 패스와 발리슛 등 골키퍼가 준비 안 된 상태의 반 박자, 한 박자 빠른 슛으로.

치우천왕 아주 좋다. 수비수와 골키퍼가 예상하지 못한 순간에 원터치로 살짝 띄우고 패스하거나 차 넣는 것!

카 라 그렇겠지요. 우리 팀에 언제 어디서라도 골을 넣을 수 있는 선수들이 있다면 전술 구상이 수월하고 다양해지면서 참으로 든든하기 짝이 없겠네요. 그런데 좀 더 쉽고 빠르게 잘하는 방법은 없을까요?

치우천왕 명상 상태에서 MS로 심상하면 훨씬 빠르게 마스터할 수 있다. 뇌파가 알파파(뇌파가 8~12Hz로 마음이 고요한 명상 상태)일 때, 동료들이 같이 호흡하면서 부분 전술을 디자인하여 훈련하고, 선수단 전체가 팀 전술에 대한 컨셉을 기획한다면 효과는 기하급수적으로 배가된다.

카 라 그럼 더 깊은 명상으로 뇌파가 세타파(뇌파가 4~7Hz로 아주 깊은 명상 상태)일 때 하면 더 좋겠군요. MS를 잘 이해하고, 골 넣는 습관을 만들어 원샷원킬을 마스터한다면 진정한 천하무적이 되겠네요.

치우천왕 당연하다. 그러니 개인훈련시간의 80%를 MS 원샷원킬 훈련법에 투자하라. 가장 빠른 기간에 누구라도 월드클래스가 될 것이다. 골 넣을 기회를 자기가 만들고 자신이 원하는 위치에서 언제라도 자신 있게 골을 넣는 기술이라면 어떤 대가를 지불하더라도 마스터할 가치가 있지 않겠느냐?

카 라 당연하지요. 그런데 명상을 할 줄 모르는 사람은 어떻게 하는 게 좋을까요?

치우천왕 명상법을 배워야지.

카 라 명상을 배우기 싫은 사람은요?

치우천왕 누구나 명상을 하고 있다. 살아있는 사람은 누구나 숨을 쉬듯이. 단지 무엇이 명상인지 모르기 때문이다. 명상을 꼭 가부좌하고 앉아 눈을 감고 호흡을 고르며 어떤 상태에 잠기려 애쓰는 것이라는 고정관념을 버릴 필요가 있지. 명상과 집중은 전혀 다른 것임을 알아야 하고.

카 라 그렇지요. 걷기를 하면서도 명상이 될 수 있고, 요리를 하면서도 명상이 될 수 있고, 물을 마시면서도 명상이 될 수 있고, 또 무엇을 하든 자각을 한다면 명상이 될 수 있다는 것이지요. 심상 훈련으로 잠재의식에 새겨 넣는 더 좋은 방법은 없나요?

치우천왕 있다. 여러 가지 다양한 방법이.

카 라 여러 가지요? 알려주세요. 하나하나 모두.

치우천왕 잠들기 직전과 잠 깬 직후에 하면 금상첨화이지.

카 라 머피 박사가 비몽사몽 간에 원하는 것을 생각하면 잠재의식에서 빠르게 성취해준다고 하는데, 잠들기 직전과 잠 깬 직후가 그런 상태 아닌가요?

치우천왕 맞다.

카 라 그런데 그 상태에서는 무언가를 의식하기가 쉽지 않을 텐데요.

치우천왕 그래서 미리 적어놓는 게 필요하지.

카　라　자신이 원하는 것을 리스트로 적어놓는 방법 말이지요? 그럼 원샷원킬을 위해서는 어떤 문구로 써넣으면 좋을까요?

치우천왕　우선 그대 생각부터 얘기해보아라.

카　라　음~. '나는 원샷원킬의 마스터다.' 이렇게 쓰는 건 어떨까요?

치우천왕　그것도 나쁘지는 않지만 좀 더 구체적으로 고안해보아라.

카　라　'나는 매 경기 멀티골을 넣는 최고의 골잡이다.' 어떤가요?

치우천왕　좀 더 낫긴 하다만 잠재의식에서 진실로 믿지 않으면 그다지 큰 효과가 없다.

카　라　음~. 그럼 '나는 매번의 경기마다 공격포인트를 올리며 팀에 활력을 불어넣고 있는 중이다.'

치우천왕　더 좋아지고 있구나. 그렇게 머리를 써서 더 연구하고 일지에 쓰면서 검증해나가는 게 좋겠지. 나중에 다시 깊이 들어가 보자.

카　라　좋습니다.

핵심을 요약하면,
첫째, 매 경기마다 공격포인트 올리는 것을 열렬히 갈망하고
둘째, 자기의 재능과 노력으로 가능함을 믿고
셋째, 자신의 강렬한 의지로 결단코 해내겠다고 다짐하는 것이다.

12. 부상 방지와 신속한 회복/면역력 최강인 빛의 보호막

카 라 이번에는 선수들의 부상을 방지하는 방법에 대해 알고 싶은데요. 크고 작은 부상을 방지하는 비법이 있을까요?

치우천왕 있다.

카 라 언제나 명쾌하시군요.

치우천왕 여러 가지 방법들이 있고 비법도 있는 데 무엇을 가르쳐줄까?

카 라 전부 다요. 선수들의 부상은 개인적으로도 불운하고 불행을 초래하기도 하지만, 주전 선수의 부상은 팀의 전력에도 적지 않은 공백이 생기기 때문이지요.

치우천왕 성장하는 도중에 부상을 당해 축구의 길을 포기한 경우들과 선수 생활하며 부상으로 중단하는 경우들이 애석하게도 너무 많다. 제일 중요한 과제는 경기하는 선수들이 서로를 존중하여 보호하는 것이고, 그다음은 자신의 능력보다 오버하여 몸을 던지지 않는 게 필요한데 그렇게 할 수 있겠느냐?

카 라 그건… 좀 어려운 과제인 것 같군요. 파울도 경기의 일부이고, 감독들은 과감하게 태클하여 공격을 막아내라고 주문하기도 하지요. 때로는 상대 선수를 고의로 가격하여 코뼈를 부러뜨리기도 하고, 축구화로 밟고, 등 뒤에서 무릎으로 가격하여 척추뼈를 부러뜨리기도 하고…. 더 나열하려고 하니 어째 으스스하네요.

치우천왕 그렇다. 인간들은 서로를 존중해야 한다고 하면서도 아직 상대방을 동업자 정신으로 존중하지는 않는다. 선수들 개개인의 주의와 각성도 필요하고, FIFA에서도 VAR 도입 등 많이 힘쓰고 있지만, 보다 적극적으로 선수들을 보호하기 위해 고의적 파울을 강력하게 제재해야 한다.

카 라 정말 그래야할 것 같은데요.

치우천왕 때로는 폭행에 가까운 짓도 서슴지 않고 저지르는 선수들은 팬들이 사회적으로도 지적하며 비판하는 풍조를 마련하는 것조차도 생각해봄 직하다. 심지어는 부상을 입은 선수가 뛰지 못하고 교체된다면 부상을 입힌 선수도 같이 교체시키는 룰도 고려해 봄직하다. 축구경기에서 폭력을 몰아내야 한다. 뿌린 대로 거두리라.

카 라 전쟁의 신이라는 당신이 폭력을 몰아내야 한다고 하니 좀 의아스럽네요.

치우천왕 인간 세상의 전쟁, 테러, 만연되고 있는 사회적 폭력 사태들은 축구에도 일말의 책임이 있다는 각성이 필요하다.

카 라 하긴, 축구가 원래 전투력을 증강하기 위해서 권장되었다니 약간의 책임은 있겠네요. 그래도 축구에서 과격한 몸싸움이 없으면 경기가 시시해질 텐데요.

치우천왕 고의적 폭력이 사라지면 미래 축구는 더 빠르고 아름다워지며 환상적인 재미가 넘칠 것이다.

카 라 고의적 폭력이라….

치우천왕 나는 평화를 사랑한다. 오랜 옛날 우리 백성을 괴롭히는 주변의 이민족들을 굴복시키기 위해 많은 전쟁을 치렀지만, 나는 그 당시에도 평화를 사랑했다.

카 라 휴! 전쟁의 신이라는 당신이 평화를 사랑했다니 의아하기는 하지만, 옳은 방향이긴 한데 쉽지는 않겠네요.

치우천왕 그래도 자꾸 언급하며 건의하고 이슈화하면서 여론을 형성하다 보면 차츰차츰 개선되고 나아질 것이다.

카 라 펠레가 활약하던 1960년대까지는 아예 반칙에 관한 규정이 없어서 펠레 선수가 크게 다친 후 "선수를 보호하지 않는 대회에는 출전하지 않겠다."고 선언했지요. 그 이후 점점 개선되어가기는 하지만 아직 미흡한 점이 많아요.

치우천왕 셋째로는 부상당할 위험을 미연에 방지하는 플레이를

연구하고 훈련하는 것이 좋다.

카 라 그건 이론상으로는 그렇지만 가능할까요?

치우천왕 가능하다.

카 라 어떻게… 예를 들면요?

치우천왕 접근하기 전에 공을 패스하든가 부딪치기 전에 빠르게 피하든가 원터치만으로 돌파하는 방법 말이다.

카 라 그럴 듯하긴 한데, 누가 몰라서 안 하는가요? 몸을 부딪치고, 태클로 공격을 끊고, 손으로 잡고, 축구화로 밟고, 팔꿈치로 가격하는 등 수비하는 입장에서는 일부러 고의로 반칙을 해대는데요.

치우천왕 그렇다 하더라도 어려서부터 그렇게 가르치고 그런 방식으로 훈련하면 지금보다 훨씬 부상이 적게 될 것이다.

카 라 알았습니다만, 그건 제가 직접 할 일은 아닌 것 같네요.

치우천왕 아무튼 그런 불편하고 개선해야 할 불만스런 사안들을 글로 써서 알리고 기회가 있을 때마다 상기시키는 것이 좋은 일이지.

카 라 또 다른 방법은 없나요?

치우천왕 코끼리 몸처럼 강하게 만드는 방법도 있다. 상대가 부딪치면 튕겨 나가떨어지게 만드는 방법인데, 어려서부터 그런 멘탈훈련법을 익히면 된다.

카 라 성인 선수들을 대상으로 하는 다른 방법은요?

치우천왕 가장 효과적이고 중요한 비법을 알려줄까?

카 라 예.

치우천왕 사람들이 나를 어떤 존재라고 여기느냐?

카 라 전쟁의 신, 보호하는 기운 뭐 그런 존재로 생각하는 게 아닐까요?

치우천왕 거기에 맞는 기운으로 만트라 기법이 있다.

카 라 만트라라면… 의미를 지닌 발성법 같은 건가요?

치우천왕 발성법 중에서도 아주 고급에 해당하는 발성법이지.

카 라 어떻게 하는 건가요?

13. 생각은 물질이다(Thoughts are things)

치우천왕   비전적인 방법들이 많지만, 그대들이 가장 친근하게 여기고 믿는 대상으로 하는 게 좋다. 예를 들어 하느님, 예수님, 관세음보살님, 성모님 등등을 마음속으로 발음하면서 숨을 들이쉰다. 숨을 내쉬면서 나직한 발음으로 그 이름을 발성한다. 이때 자신의 몸에서 빛의 방사를 심상하는 것이다. 그대들은 평소에 기도하며 무수하게 그 이름을 부르기만 했지 않았느냐?

카 라   그랬지요. 큰소리로 외쳐 부르기도 하고요.

치우천왕   그렇게만 해도 약간의 효과는 있지만, 이제부터는 거룩한 이름을 발성할 때 빛을 방사하도록 하라. 이 방법은 특별하게 힘을 발휘한다. 면역력을 매우 높여주고, 교통사고나 각종 재해로부터도 보호되지. 그것도 MS의 매직이다.

카 라   왜? 어째서 그런 효능이 있는 건가요?

치우천왕   기독교인들이 많이 애용하는 '주의 기도문'에는 '아버지의 뜻이 하늘에서와같이 땅에서도 이루어지소서'하는 문구가 있다.

카 라   그렇지요.

치우천왕   입으로만 하는 립서비스 기도는 그만하고, 아버지의 뜻인 사랑, 평화, 지혜, 균형, 조화로움, 자비, 연민, 행복 등을 담고 있는 에테르 에너지를 세상으로 가져오라. 지극히 높은 하늘로부터 무한한 광명의 찬란한 빛을 가져오는 심상을 같이 한다면 세상은 빠르게 변화하고 빛으로 채워질 것이다.

카 라   빛의 기도라…….

치우천왕   또한 가톨릭에서는 만들어진 기도문을 얼마나 많이 외우고, 불교에서는 광명진언이나 반야심경 등을 얼마나 많이 암송하느냐?

카 라   죽자사자 외워대지요.

치우천왕   물론 그 기도는 그것대로 유효하지만, 세상에 빛을 가져오는 더 나은 기도를 하는 것이 좋겠지.

카 라   같은 값이면 다홍치마라는 속담처럼 말이죠?

치우천왕   오케이. 먼저 그대 마음속에서 사랑과 평화의 빛을 가져오는 심상을 하라. 그러면 그 빛이 마중물이 되어 천상의 빛을 끌어당긴다. 기도할 때도 빛을 심상하며 '아버지의 평화가 하늘에서와 같이 축구장에도 이루어지소서'라고 기도하라. 동네 식당에 가거든 풍요로운 빛을 심상하며 '아버지의 풍요가 이 식당에도 충만하소서' 라고 빌어주어라.

카 라   그럼 병자를 방문할 때는 따뜻한 마음과 말로만 위로하기보다는, 치유의 빛을 끌어당겨 병자를 덮어주면서 '아버지의 신성한 치유력이 이분에게 작용하여 치유하소서' 라고 요청하는게 좋겠군요.

치우천왕 환경이 열악한 지역에 가거든 '아버지의 순수한 정화에너지로 이곳을 자연스럽게 회복시켜주소서'라고 기도하라. 인류를 살리고 지구를 복원할 수 있는 소르젠(Soregen)에너지[9]와 기술을 널리 알려라. 이런 마음이 보편화되도록 축구와 고대 지혜가 융합된 정신문화운동을 기획해보면 자신의 행복감이 증진하고 생활환경부터 좋아지리라.

카 라 정신문화운동이라….

치우천왕 매 순간 그대들의 생각과 언어를 주의 깊게 사용하는 게 자각이고 각성하면서 깨달음으로 나아가는 길이다. 그대들이 사용하는 언어는 제각기 파동을 일으키고 주파수를 발생하는데, 단어마다 모두 다른 파동의 주파수와 파형과 진폭을 발생시킨다. 또한, 언어에는 각각의 영(Spirit)이 깃들어 있다.

카 라 언어마다 영(Spirit)이 깃들어 있다구요?

치우천왕 그렇지. 세계인이 가장 좋아하고 많이 쓰는 '엄마'라는 말은 누구에게나 포근함, 그리움, 조건 없는 사랑 같은 느낌을 주지 않는가? NLP(신경 언어 프로그램)[10]도 그런 방식으로 작용한다고 볼 수 있지.

카 라 맞아요.

---

9 소르젠(Soregen)에너지: 이우철 박사가 연구하여 밝혀낸 에너지로서, 절대자의 에너지와 정보를 담고 있는 것으로 본다. 각종 오염 정화력이 탁월하고, 물질을 고품질로 변화시키는 힘이 세다. 미 해군과 일본, 한국해양대학 등 각 분야에서 실용화되고 있다.

10 NLP(Neuro Linguistic Programming, 신경 언어 프로그래밍): 실용심리학의 한 분야로 사고와 언어를 바탕으로 인간 행동의 긍정적인 변화를 이끌어 내는 기법을 종합해 놓은 지식 체계.

치우천왕 그건 아주 오랜 세월 동안 인류가 마음을 담아 그리워하고 불러온 영(Spirit)이 스며있기 때문이다.

카 라 음~. 그래서 아버지는 아버지 같은 느낌이 들고, 자식은 자식 같은 느낌이 드는군요.

치우천왕 그렇다. 긍정적인 생각과 말이 긍정적인 행동과 결과를 가져오는 것은 그런 파동의 힘이 작용하기 때문이다. 특히 하느님, 부처님, 성모마리아님, 관세음보살님…. 그런 신성한 이름들은 오랜 세월 동안 많은 사람들의 원력이 깃들어 강력한 자기력을 형성해 왔기 때문에 그 이름을 부르면서 빛을 심상하면 빛의 보호막이 형성된다.

카 라 빛의 보호막이라. 뭔가 밝은 빛이 비치는 것 같군요.

치우천왕 그렇다. 인류의 삶에 평화와 행복을 가져올 광명의 빛이다.

카 라 음~, 궁금한데요.

치우천왕 선수들뿐만 아니라 가족과 지인들이 그리고 팬들이 빛의 보호막을 적극적으로 활용한다면 부상에서 보호되는 것은 물론 생활과 주변에 밝은 빛을 비춰주게 될 것이다.

카 라 어떻게 하는 건지, 그리고 자세한 이론적 설명을 해주세요.

치우천왕 먼저 빛의 이중성에 대해 알고 있지?

카 라 그럼요. 빛은 입자이면서 파동이라는 빛의 이중성은 현시대의 상식이지요.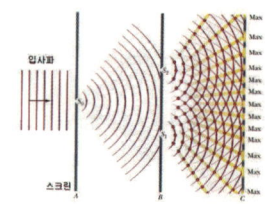

치우천왕 그러면 존재하는 모든 물질에

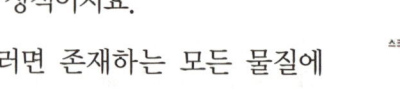

	서 빛이 끊임없이 방사되고 있다는 것도 알고 있지?
카 라	우리가 사물을 본다는 것은 그 사물에서 방사되는 빛의 입자들이 시신경에 파동으로 전달되면 대뇌가 그것을 해석하여 무엇이라고 인식한다는 것 말이지요?
치우천왕	과학적 설명은 그러하지만, 매 순간 엄청난 양의 정보가 쏟아져 들어오는 걸 뇌가 일일이 분석하고 판단을 내리는 것은 불가능하지. 이미 경험한 것을 바탕으로 정보가 시신경에 도달하기도 전에 두뇌 마음은 이미 알고 있다. 그 사실은 두뇌를 fMRI 촬영함으로써 확인되었지.
카 라	그것도 과학 기사들에서 읽었지요.
치우천왕	빛의 입자가 뇌의 시신경에 닿기 전에 마음이 이미 알고 있다는 사실은 아주 많은 것을 시사한다. 알고 있다는 것은 마음에 이미 빛이 잠재되어 있다는 것이며, 외부 자극이나 의식적인 생각으로 마음이 새로운 빛을 만들어낸다는 뜻이기도 하지.
카 라	마음이 빛을 만들어낸다…. '파란 마음 하얀 마음'이라는 동요 가사가 생각나네요.
치우천왕	그렇다. 마음은 파랗게도 하얗게도 비칠 뿐 아니라 수백만 수억 화소의 색깔로도 확장될 수 있고, 천사와 악마로도 변신할 수 있지. 마음은 원래 우주의 마음과 하나이기 때문에 빛을 생각하면 빛이 존재한다는 게 핵심이다.
카 라	그 빛은 파동이기 때문에 파동으로 전달되기도 하구요.

치우천왕 오케이.

카 라 그래서 마음을 밝게 하면 기분이 밝아지고 주변의 생활 환경도 밝아진다, 그런 뜻도 있구요.

치우천왕 빙고.

카 라 마음을 어둡게 부정적으로 가지면 기분도 저하되고 생활 여건도 어두워지고요.

치우천왕 그다음은?

카 라 빛에 보호하는 힘을 주면 그 빛이 보호력을 갖기도 하나요?

치우천왕 그렇다. 자신의 몸에서 빛이 방사되어 달걀처럼 몸을 감싸고 있다는 심상을 그리면 실제로 빛의 입자가 보호막을 두른다. 나무도 피톤치드를 내뿜어 자신을 보호하지 않는가?

카 라 그렇지요. 나무는 피톤치드를 발산하여 병원균이나 해충으로부터 자신을 보호한다고 하지요. 그럼 심상을 거두면?

치우천왕 차츰 약해지지만, 심상을 반복해서 강하게 만들어 두면 상념체가 형성되어 수명이 길어지지.

카 라 그럼 부모가 어린 자녀를 빛으로 감싸 보호하는 심상을 하면 그것도 힘을 발휘할까요?

치우천왕 그건 부모가 정확히 의식하는 만큼 작용한다. 거기에는 예로부터 전해지는 여러 효과적인 기법이 있다. 그대가 한국의 월드컵 우승을 생각하며 나를 불러내었듯이 누구라도 자신이 원하는 대상을 불러내거나 만들어낼 수 있지.

카 라 그럼 당신은 나의 상념체인가요?

치우천왕 나는 원래 치우천왕으로 존재했던 실체이기도 하고, 그대의 상념이 만들어낸 상념체이기도 하다. 좀 더 정확히 표현하면 양쪽이 융합된 에텔 복체[11]라는 개념이다.

카 라 음~. 점점 복잡해지는군요.

치우천왕 에텔 복체에 대해서는 나중에 다시 자세히 논해보기로 하고 지금은 빛의 보호막에 집중해보자.

카 라 그러지요.

---

11 융합된 에텔 복체: 에테르는 감각, 운동, 복제, 창조의 4가지 기본 속성을 갖고 있는데, 육체의 모든 분자와 원자에 상응하는 에너지체를 말한다.

14. 생각하는 것(Thinking)과 상상력(Imagination)을 사용하는 것은 다르다

치우천왕   그대가 좋아하는 선수 한 사람을 생각해 보라. 예를 들어, S선수라면 S의 전신을 계란처럼 감싸는 모습을 그리고 거기에 집중하여 빛을 점점 명확하게 심상하고 에너지를 주입한다. 그러면 S는 자신도 모르게 뭔가 자신을 감싸고도는 기분 좋은 훈훈함과 안정감을 느끼게 된다. 힘이 생기고 자신감도 붙게 되지.

카 라   선수 본인이 하지 않고 타인이 해줘도 그렇게 된다는 뜻인가요?

치우천왕   연예인이나 유명한 선수들은 팬들이 보내주는 선망의 자기력을 흡수하여 몸에서 빛이 나고 스스로도 빛을 뿜내기 때문에 더 멋지게 보이지 않더냐?

카 라   스타들은 그렇지요.

치우천왕   본인이 하면서 타인이 도와주면 훨씬 효과적이지. 자신이 좋아하는 선수 개개인 A, B, C, D에게 해도 되고, 팀 전체를 보호해도 된다. 일반적으로 백색이나 황금색의 빛을 사용하면 어느 경우에나 무난하고, 기온이 높아 덥다면 그 빛의 색깔을 청색이나 녹색으로 심상하는 게 좋고, 추운 날씨라면 적색이나 오렌지 색, 혹은 자신이 선호하는 색으로 심상해주는 게 좋겠지.

카 라 홈~. 환상적인 얘긴데…. 그거 재미있군요. 그게 MS의 보호법이라는 거죠?

치우천왕 그렇다. 하루 세끼 밥 먹듯이 자주 해주고 반복하면 점점 더 강력한 보호막이 형성되어 몸싸움에서도 쿠션 역할을 하게 된다. 그러면 크게 다칠 것도 적은 부상으로 방지하게 되고, 재미를 넘어서 원격힐링에 이용해도 된다.

카 라 원격 힐링이라면 멀리 떨어져 있는 사람을 치료해준다. 그런 얘기인가요?

치우천왕 그렇다. 지구의 반대편에 있는 사람이라도 시공간에 구애받지 않고 아무런 장애 없이 영향을 미칠 수 있다. 전자(electron)는 동시에 두 곳에 존재한다는 실험은 정설이 아니더냐.

카 라 그렇지요.

치우천왕 모든 양자 차원의 입자는 마음이 의식하는 장소에서 동시에 존재하기 때문에 원격힐링이 가능한 것이다.

카 라 만일 그렇다면 굉장히 유용한 치료방법이겠네요.

치우천왕 심신상관의학 분야에서는 이미 오래전부터 육체의 질병이 마음의 병으로부터 생겨나며, 심리 치료를 통해 육체가 좋아진다는 것을 증명해왔고, 또 무수한 임상시험으로도 발표되었으니 잘 활용하기 바란다. 밀가루나 설탕물을 새로 개발된 신약이라고 믿게 하면 좋은 약효가 나타난다는 플라세보 효과도 있지 않은가?

카 라 그럼 자신이 좋아하는 선수가 큰 부상을 당했다면 빛의 심상을 이용해서 치료와 재활 기간이 단축되도록 도와줄 수도 있겠군요.

치우천왕 당연히 도움을 줄 수 있지. 보통 팬들은 선수가 잘하면 좋아하고, 성적이 좋지 않으면 실망하는데, 그런 팬의 자세보다는 먼저 부상당하지 않고 건강하게, 오랫동안 바람직한 선수 생활을 할 수 있도록 사전에 빛의 보호막으로 도움을 주고 성원하는 게 더 좋지 않겠느냐?

카 라 물론이지요.

치우천왕 선수에게 사인을 받은 팬은 그 선수에게 빛의 보호막을 형성해주어 유대 관계를 돈독히 하는 게 좋겠지.

카 라 그럼 선수들은 더 많은 팬들에게 사인을 해주면 좋겠네요.

치우천왕 그러니 이런 방법을 널리 알려주어서 많은 사람들이 유용

	하게 써먹을 수 있도록 도와주어라. 사랑과 유익한 정보는 나눌수록 커지고 자신이 먼저 그 혜택을 받는 것이므로.
카 라	좋습니다.
치우천왕	이런 방법으로 왕따 당하는 아이를 부모가 진정어린 사랑의 보호막을 만들어서 보호해 줄 수 있고, 장애인이나 미혼모를 도와준다든지 사회적 약자들을 도와주는 방법은 참으로 많다. 그걸 누가 행하느냐의 과제가 있지만, 그대부터 실행하면서 지인들에게 알려 사회적인 문화운동으로 확산하면 좋으리라.
카 라	그렇다면 부모가 자녀에게 말을 건넬 때도 말과 감정뿐만 아니라 빛을 심상하여 보내주면 좋겠네요. 교사가 학생들을 가르칠 때도 미리 교실에 양질의 상념에너지를 충전해 놓고 수업을 진행한다면 효과가 좋을 것 같네요. 나아가 훈계의 말을 사용할 때에도 의도하고자 하는 진정어린 상념의 빛을 실어서 보낸다면 더욱 효과적일 테구요.
치우천왕	그렇지.
카 라	부부간에도 연인 사이에도 직장이나 사업상의 만남에서도 정말 이런 방법이 효과가 있다는 사실이 많은 사람들에게 알려지고 실행된다면 사회가 밝아지겠는데요. 빛의 보호막으로 잠재능력을 계발하는 것도 가능할까요?
치우천왕	가능하다.
카 라	그럼 빛의 보호막으로 다이어트하는 것도 가능하겠네요?

치우천왕 본인 의식이 작용하는 만큼 무엇이든 가능하지. 그대는 사람이 살지 않는 빈집에 가본 적이 있느냐?

카 라 그럼요. 비워둔 지 오래된 집에 가면 썰렁하고 음산한 기분이 들지요.

치우천왕 사람의 몸에서 방사되는 빛이 얼마나 생명력이 있고 의식이 있는지를 증명해 주는 것이다. 그대들이 집을 나설 때면 집안의 모든 가구가 그대들 의식을 기억하고 있다가 돌아오면 반갑게 맞이하지.

카 라 그래서 집에 오면 편안하게 느껴지는 건가요?

치우천왕 그렇지. 만약 가족 사이에 싸우고 불쾌한 기분으로 집을 나서면, 역시 가재도구들이 그 불편한 기운을 머금고 있다가 귀가하면 그대로 전해주지 않더냐. 그건 자신의 감정상의 문제만은 아닌 것이지.

카 라 음~ 심각하게 생각해 볼 내용이네요.

치우천왕 그러니까 천지 만물과 조화롭게 지내고, 가족과 동료 간에는 서로 너그럽게 이해하고 사랑하라는 것이다.

카 라 논밭의 작물은 주인의 발걸음 소리를 듣고 자란다는 말도 있지요. 사실입니다.

치우천왕 무의식중에 하는 행동도 그렇게 작용하는데, 의식을 갖고 의도적으로 행동한다면, 얼마나 효과적이고 효율적으로 주변과 사회를 변화시킬 수 있을지 생각해보기 바란다.

카 라 그 빛을 더 잘 활용하는 방법도 있을까요?

치우천왕 그렇다. 빛의 원통형, 빛의 피라미드형, 빛의 홀론(다이아몬드형 정8면체) 등 보다 강력한 활용법들이 많으니 우선 그대가 시행해보고 효과를 체득하고 보급하기 바란다.

카 라 빛의 피라미드에 느낌이 강하게 끌리는데 그에 대해서 알려주세요.

치우천왕 그러자. 피라미드는 이집트 기자에 있는 피라미드가 유명하지만, 실상 지구 곳곳에는 많은 피라미드가 존재한다.

카 라 지구에 많은 피라미드가 있다구요?

치우천왕 그렇다. 피라미드는 우주력이 작용하는 원리로 만들어졌고, 우주에너지와 공명하여 작용하기 때문에 굉장히 중요하다.

카 라 빛의 피라미드에 대해서는요?

치우천왕 피라미드의 기하학적 도형 자체가 우주력이 작용하도록 하기 때문에 빛의 피라미드로 자신을 감싸면 강력한 에너지장이 발생하는 것이지. 마찬가지로 타인의 몸을 피라미드형 빛으로 감싸주는 것도 그렇다. 신성기하학이라고 하지.

카 라 공격수가 상대 수비수의 강한 대인 마크나 태클로부터 보호하는 기능도 될까요?

치우천왕 그렇다. 빛의 피라미드로 자신을 감싸고 우측으로 회전시키면 강력한 보호막이 형성되면서 상대의 자기력을 반사해 그로부터 보호도 되고, 실전 경기에서도 부상을 방지하며 보호한다.

카 라 동 파이프로 피라미드를 만들어 머리에 사용하면 집중력이 높아지고, 면도날을 넣어두면 새 면도날처럼 날카로워지고, 콩나물을 넣어두면 잘 자란다는 실험들도 그런 효과인가요?

치우천왕 그렇지.

카 라 피라미드 형태의 집을 만들어서 사는 사람은 아주 좋겠네요?

치우천왕 그 사람이 피라미드 에너지를 이해하는 깊이만큼 더 좋아지겠지.

카 라 아~, 이해하는 만큼.

치우천왕 그렇다. 동 파이프 피라미드와 빛의 피라미드 양자 간에 차이가 있다면, 빛의 피라미드는 심상을 하는 사람의 집중하는 능력이나 숙련도에 따라 효과와 효력 면에서 차이가 난다는 정도이다.

카 라 무엇을 하든 개개인의 집중력 차이는 있는 것이니까요.

치우천왕 그렇지. 빛은 거기에만 작용하는 것이 아니고 사회의 모든 곳에, 인생의 모든 영역에서 작용한다.

카 라 그렇군요. 절망하고 힘들게 사는 어두운 곳에 희망의 빛을 가져오는 봉사자들, 올바른 진로를 몰라 고민하고 갈등하는 사람들에게 환한 빛의 길을 알려주는 인도자들, 전 세계 수많은 교회와 사찰들에서 진리의 빛을 가져오기 위해 기도하고 수행하는 사람들….

치우천왕 그렇다. 그렇게나 많은 사람들이 세상에 빛을 가져오기 위해 노력하지만, 세상이 아직 어두운 부분이 많기에 더 많은 노력을 하는 게 필요하다. 성 프란치스코의 '평화를 위한 기도'를 알고 있지?

카 라 알지요.

"주여 저를 평화의 도구로 써주소서.

미움이 있는 곳에 사랑을

다툼이 있는 곳에 용서를

분열이 있는 곳에 일치를

의혹이 있는 곳에 신앙을

그릇됨이 있는 곳에 진리를

절망이 있는 곳에 희망을

어둠에 빛을

슬픔이 있는 곳에 기쁨을 가져오는 자

되게 하소서.

위로받기보다는 위로하고

이해받기보다는 이해하며

사랑받기보다는 사랑하게 하여 주소서.

우리는 줌으로써 받고

용서함으로써 용서받으며

자기를 버리고 죽음으로써

영생을 얻기 때문입니다."

치우천왕 입으로만 기도하지 말고, 사제가 성찬례를 거행하듯 정성을 다해 마음으로 실상의 빛을 가져오며 기도하라고 권한다. 사랑의 빛, 용서의 빛, 일치의 빛, 신앙의 빛, 진리의 빛, 기쁨의 빛, 희망의 빛, 위로의 빛, 이해의 빛, 깨달음의 빛을 가져오도록 심상하면서 기도하라. 절대자는 빛이라는 매개체를 통해 우주를 창조하고 유지한다.

카 라 빛이라는 매개체와 사람이라는 중개자를 통해서 절대자가 작용하는 원리, 그걸 대자연의 섭리라고 보아도 될까요?

치우천왕 우주의 절대 법칙 중 하나다.

그러니 우선 그대부터,

질병과 기아에 허덕이는 곳에 치유와 풍요의 빛을 보내주어라.

슬픔과 어둠이 만연한 곳에 기쁨과 진리의 빛을 보내주어라.

가정이나 조직에 불화가 있는 곳에 용서와 화해의 빛을 보내주어라.

카 라 그렇다면 전쟁과 테러, 분쟁으로 절망과 고통이 만연한 지역에는 평화와 위로의 빛을 보내주는 것이 필요하겠군요.

치우천왕 그렇지. 한국에서는 위안부 할머니들의 고난이 문제화되었지만, 세계에는 수백만 여성들이 현재에도 그런 고난을 겪고 있다. 빛의 보호막으로 그들도 보호해주기 바란다.

심은 대로 거두리라. 줌으로써 받고, 더 많이 줌으로써 더 풍성해지는 것이 우주의 원리이며 법칙이다.

15. 하늘이 돕는 자/하늘을 돕는 자

카 라 진정한 마음으로 기도하며 빛을 심상하면, '하늘은 스스로 돕는 자를 돕는다'는 진리의 힘이 작용하겠군요.

치우천왕 더 나아가 하늘을 돕는 자가 될 것이다.

카 라 예? 하늘을 돕는 자라구요?

치우천왕 그렇다. 하늘이 도울 뿐 아니라 하늘이 해야 할 일을 돕는 사람이니 얼마나 바람직한 기도이며 축복받을 행동이겠느냐?

카 라 '하늘이 돕는 자를 넘어서 하늘을 돕는 자'라는 의미는 참으로 심오하군요.

치우천왕 천상으로부터 오는 순수한 사랑과 조화, 기쁨과 평화, 번영과 균형 같은 빛을 자주 심상하고 자신과 사랑하는 사람을 보호막으로 에워싸주거라. 그러면 많은 질병과 사고로부터 보호되며 면역력도 증가하게 될 것이다. 심지어는 숙련되어 보호막이 강력해지면, 일상에서 유해한 방사능으로부터도 보호받을 수 있다.

카 라 와우! 숙련되어 보호막이 강력해지면, 방사능으로부터도 보호가 된다니 적극 활용해야겠군요. 그런데 어떻게 그런 작용을 하는가요?

치우천왕 밝은 빛을 심상하면 면역 세포의 에너지원인 ATP에 직접 작용하여 에너지 효율성을 높여주고, 호르몬 분비를 조화롭게 해주어 면역력이 높아지는 것이지. 자세한 것은 차츰 논의하기로 하자.

카 라 그렇군요.

치우천왕 불교인이라면 6자 진언이나 광명진언을 암송할 때, 마하반야바라밀의 지극한 광명과 대지혜가 사바세계를 비추는 모습을 심상하면서 기도하라. 그러면 육바라밀을 수행하는 좋은 방법으로 무주상보시를 실천하게 되지.

카 라 종교인이 아니라면 어떻게 하는 것이 좋을까요?

치우천왕 종교가 없어도 천지신명, 섭리, 우주의식, 하느님, 조상님, 아버지, 어머니, 사랑, 평화 등 제각기 간절한 이름을 심상하면서 빛을 가져오면 된다.

카 라 그렇군요. 알았어요. 그래도 100년 전, 아니 1,000년 전에 비하면 많이 밝아졌지요. 우리가 여러 방법을 사용하여 이 세상에 빛을 가져온다면 인도의 시성 타고르가 지었다는

"일즉이 아세아(亞細亞)의 / 황금 시기(黃金時期)에

빛나든 등촉(燈燭)의 / 하나인 조선(朝鮮)

그 등(燈)불 한번 다시 / 켜지는 날에

너는 동방(東方)의 / 밝은 빛이 되리라."라는 시처럼 동방의 등불 한국은 이제 세계를 밝히는 인류의 등불이 될 수 있다는 생각이 드는군요.

치우천왕 그렇다. 촛불 하나를 밝히면 그만큼의 광자(光子, Photon)가 방사되고, 백 개, 천 개를 밝히면 그만큼 밝아지듯이 천상의식의 빛도 그러하다. 그러니 거기에 만족하지 않고 계속하여 신성한 불만족을 갖는 게 좋다.

카 라 불만족에도 신성한 불만족이 있나요?

치우천왕 그렇다. 어려운 이웃들을 돕고자 하는 이타심, 사회 불의에 맞서서 싸운 수많은 민주 투사들, 불편부당한 압력에 항거하여 불만족을 표출하고 개선하고자 노력하는 행동들, 동남아시아, 중동, 아프리카 등에서 진행되고 있는 민주화 운동 등이 신성한 불만족에 속한다.

카 라 사회적 통념에는 반하지만, 양심에 어긋나지 않게 행동하는 경우에 해당하겠지요. 방탄소년단을 탄생시킨 방시혁의 불만족도, 기성사회의 관념에 대한 불만족으로 세계적인 과업을 이루어낸 경우도 그러할 것이고. 그렇다면 승부의 세계에서 매번 치열하게 살아가는 선수들에게도 그런 불만족이나 이타심 혹은 이기심이 작용할까요?

치우천왕 분명히 작용한다.

카 라 어떻게요?

치우천왕 이타적인 선수는 자신의 성공과 명예보다는 팀의 나은 성적을 위해서 공명심을 버리고, 평상시 생활에서도 그렇고 훈련 시에나 경기에서도 희생하고 헌신하는 선수다. 반면에 이기적인 선수는 같은 팀훈련을 하고 경기에 뛰더라도 자신이 돋보이기를 원하는 선수라고 할 수 있지.

카 라 이기적인 선수는 자기주장이 강해서 멘탈 자기력이 강한 것 같은데 어떤가요? 그런 멘탈 자기력이 강한 사람과 약한 사람이 있겠지요?

치우천왕 당연히 사람마다 차이가 있다. 그리고 이타적인 사람의 멘탈 자기력이 훨씬 힘이 있다. 단지 능동적으로 MS를 사용하는 기법을 알지 못해서일 뿐, 보이지 않는 전체 에너지장에서는 더 강하게 작용한다. 동료를 최고로 만들어주겠다는 이타심은 자신을 최고로 만들어줄 것이다.

카 라 음~. 그럼 약한 사람이 강해지려면 어떻게 해야 하나요?

치우천왕 자기력을 강화하는 많은 방법들이 있으니 하나하나 알아보고 실행하도록 해보자.

카 라 좋습니다.

치우천왕 그리고 호부(護符)를 지니는 것도 유효하다. 묵주, 염주, 스카풀라[12] 무엇이든 신성한 존재를 생각하며 기도하는 마음으로 MS가 관여된 것은 힘을 보유하고 발산한다.

---

12 스카풀라: 성모 마리아가 잉글랜드 가르멜 수도원에 발현하여 전해준 은총의 징표로써 목에 착용. 관세음보살이 전해준 몽수경이 가피력을 발휘하는 것과 같은 작용.

카 라 호부라면 부적 같은 것을 말하나요?

치우천왕 그렇다.

카 라 그런 것은 미신이 아닌가요?

치우천왕 중국의 진시황도 나에게 제사를 지냈느니라. 충무공 이순신도 전투를 하기 전에는 꼭 나에게 제사를 지냈고, 그 외에도 수많은 사람들이 나에게 제사를 지냈다.

카 라 자랑인가요? 아니면 사실인가요?

치우천왕 사실을 얘기할 뿐이다. 그들이 왜 나에게 제사를 드렸겠느냐? 전쟁에서 자신을 보호하고 이기게 해달라는 기도하는 마음이다.

카 라 그래서 진시황을 보호해주셨나요?

치우천왕 나는 누구의 기도를 들어주고 말고 하지는 않는다. 그 사람의 정성이 우주의 원리와 법칙대로 작용하는 것일 뿐. 태양이 인물을 보고 비추더냐? 그냥 공평무사하게 비출 뿐이다. 태양 빛을 원하는 사람이 빛을 받을 장소에 나오면 빛과 에너지를 받는 것처럼 나도 무위자연으로 작용한다.

카 라 호부도 그런 것처럼 자신의 마음 상태에 따라 보호를 받는다는 말이군요.

치우천왕 존재하는 모든 사물이 생명이 있고 파동을 방사하고 있는데, 왜 미신이라는 고정관념을 가져야 할까? 미신과 환영이나 영가 작용 등 일체유심조에 대해서는 별도로 얘기해보자.

카 라 알았습니다.

16. 운이 작용하는 기전과 운을 만드는 방법/운도 정확히 실력이다.

카 라   운칠기삼(運七技三)[13]이라는 말이 있는데 어떻게 생각하시나요? 축구에도 운이 작용하나요?

치우천왕   정확히 작용한다.

카 라   정확히 작용한다는 말이 이해가 안 되네요. 운이란 무엇인지? 왜 축구에 운이 작용하는지? 운이 있다면 어떻게 유리하게 운을 끌어올 수 있는지 등등에 대해서 논의해볼까요?

치우천왕   그러자꾸나.

카 라   먼저 운이란 무엇인가요?

치우천왕   운(運)이란 움직임이다. 정묘한 에너지의 흐름이다. 상황이 끊임없이 변하는 우주의 법칙이고 자연의 섭리다.

카 라   와우! 그럴 듯한데요.

치우천왕   그럴 듯한 게 아니라 실제로 그러하다.

카 라   좀 더 쉽게 설명해주신다면?

치우천왕   그대들은 예상보다 잘 되면 운이 좋았다고 하지만, 기대보다 못 미치면 운이 나빴다고 말하지.

카 라   보통은 그렇게 말하지요.

---

13   운칠기삼(運七技三): 모든 승부에는 운(運)이 70% 노력(재능)이 30% 작용한다는 뜻.

치우천왕 그런데 운이란 노력한 에너지만큼, 그리고 남에게 베푼 만큼 한 치의 빈틈도 없이 정확하게 작용하는 우주적 법칙이다.

카 라 이해가 잘 안 되는데요?

치우천왕 잘 들어라. 지금부터 운이 작용하는 에너지 법칙에 대해 설명해주겠다.

카 라 네.

치우천왕 우선 쉬운 예부터 들어보자. 어떤 학생이 열심히 공부했으나 원하는 대학에 떨어졌다면 과연 노력이 부족해서 떨어진 거냐, 아니면 운이 나빠서 떨어진 거냐?

카 라 그건 간단히 판가름할 게 아닌 것 같은데요? 정말 열심히 했는데도 떨어졌다면 다른 학생들이 더 잘해서 떨어진 것이니까 상대적으로 운이 안 좋았다고 해야 할까요?

치우천왕 그럼 다르게 설명해보자. 달리기 선수 4명이 100미터 달리기를 하는데 모두 죽을힘을 다해서 뛰었지만 1, 2, 3, 4등이 정해진다. 2, 3, 4등은 운이 나빠서 뒤진 거냐?

카 라 그건 실력이 뒤떨어져서 진 것이지요.

치우천왕 2등도, 4등도 상대적으로 느린 다른 선수들과 뛰었으면 1등을 할 수도 있었지 않겠느냐?

카 라 그건 그렇네요. 그런 걸 운이라고 할 수 있는 건가요?

치우천왕 그 운도 정확히 노력한 결과에 따라 정해지는 것이다. 본인들의 생활태도와 노력한 만큼의 결과를 얻을 수 있도록 운이 작용한다는 뜻이지.

카　라　알 듯 모를 듯…. 축구에서 운이 작용한다는 것을 예로 들어 설명해보세요.

치우천왕　그러자. 고교축구대회에서 우승한 팀이 프로팀과 경기를 한다면 승패가 어찌될까?

카　라　그야 당연히 프로팀이 이기겠지요.

치우천왕　만일 고교 팀은 전력을 다해 뛰고 프로팀은 대충 뛴다면 어떻게 될까?

카　라　그렇다면 고교 팀이 이길 수도 있겠지요.

치우천왕　그건 멘탈의 차이에서 오는 승부의 갈림길이지.

카　라　그렇지요. 멘탈게임이라는 측면으로 본다면요.

치우천왕　양 팀이 서로 전력을 다해 뛴다면 프로팀이 높은 확률로 이길 것이다. 그건 뚜렷한 실력 차이다. 프로 선수들은 더 오랜 시간을 연습해왔고, 프로 리그에서 더 많은 훈련과 경기를 통해 에너지를 축적해왔기 때문에 경기력이라는 운으로 발휘되는 것이다.

카　라　그 차이는 뚜렷하니까 이해가 되는데 프로팀끼리의 경기라면 얘기가 다르잖아요?

치우천왕　막상막하의 두 팀이 경기를 하면 그때까지 노력한 모든 에너지의 총량으로 승패가 결정된다. 한 치의 오차도 없이. 모든 에너지의 총량이라는 것은 아주 복잡한 무한 가짓수의 변수들이 포함된 것이기 때문에 누구도 정확히 알 수가 없지. 오직 절대자인 하느님, 우주의식, 신만이 알 수 있는 것이다.

카 라 미래는 누구도 정확히 알 수 없다는 것이지요?

치우천왕 그렇다. 인간들은 현실이 고정되어 있는 것처럼 생각하지만, 현실은 끊임없이 변하고 있고, 1분 후의 미래, 1주일 후의 미래가 얼마나 쉽게 변할 수 있는지 제대로 안다면 깜짝 놀라 자빠질 것이다. 이른바 하이젠베르크 불확정성의 원리[14]가 매 순간 물질 세상에서도 벌어지고 있는 것이다.

카 라 현실은 고정되어 있는 게 아닌가요?

치우천왕 우주에는 고정되어 있는 것이 아무것도 없다. 우리가 서로 바라보고 있는 동안에도 각자의 몸에서 끊임없이 광자들이 튀어나와 서로의 시신경으로 파동을 전달하기 때문에 우리가 보고 있는 것이 아닌가?

카 라 이온화 작용[15]이라는 것이지요?

치우천왕 그렇다. 쇠(Iron)는 변함없이 단단해 보이지만 쇠도 끊임없이 자신의 소립자를 방출하며 양자 수준에서 변해가고 있듯이 말이다.

---

14 하이젠베르크 불확정성의 원리: 입자의 위치와 운동량은 일정 수준의 정확도 이상으로는 동시에 측정되지 않는다는 이론. 확장하여 해석하면, 1분 후에 누구에게서 전화가 올지 전혀 알 수 없다. 과거에 일어난 사실도 관점을 달리하면 다르게 해석되고 삶에 미치는 영향력도 달라진다. 즉 고정된 것은 아무 것도 없다.

15 이온화 작용: 존재하는 모든 물질은 원자나 분자 수준에서 끊임없이 전자를 방사하거나 받아들여 상태가 변화하고 있음을 말한다.

카 라	우라늄이나 플루토늄은 방사성 에너지가 빠르게 진행되기 때문에 원자력으로 활용되고, 금(Gold)은 이온화 과정이 아주 느리기 때문에 변화가 거의 없으므로 금값으로 가치를 인정받구요.
치우천왕	그렇다.
카 라	다시 축구 얘기로 돌아가서요. 우리 대표팀 선수들이 각자의 소속팀에서 열심히 훈련하고 경기하며, 꾸준히 경기력을 향상해 간다고 해도, 세계의 즐비한 강호들을 모두 물리치고 월드컵 우승트로피를 들어 올린다는 것은 절대 쉽지 않은 일인데요.
치우천왕	지금까지 하던 대로 하면 절대 쉽지 않지. 요한 크루이프와 아약스로 유명한 네덜란드 대표팀도 오죽하면 준우승만 3번 하고 말았겠느냐.
카 라	그렇지요.
치우천왕	그러니까 관점을 바꾸고 접근 방법을 달리해야 한다는 것 아니겠는가.
카 라	이제 본격적으로 그 방법에 대해서 알아보지요.
치우천왕	좋은 관점이다. 성공자들은 목표를 세우고 어떻게 하면 목표를 달성할 수 있을까 하는 방법론에 대해서 늘 생각하지.
카 라	예. 방법론이 절실히 필요합니다.
치우천왕	한국 선수들이 외국으로 진출하여 경험을 넓히고, 특히

유럽에 진출하여 선진축구를 배우는 것은 좋은 흐름이다. 또한, 외국 감독을 영입하며 선진축구 기술을 한국에 접목하는 것도 필요하다. 그러나 그런 노력만으로 경기력이 향상되어 우승한다는 것은 아주 어렵지.

카 라 그래서 이렇게 제가 나서고 당신을 만나서 방법을 찾고자 하는 것 아닙니까?

치우천왕 찾으라 찾을 것이다.

카 라 "구하라 그러면 너희에게 주실 것이요, 찾으라 그러면 찾을 것이요, 두드리라 그러면 너희에게 열릴 것이다."

치우천왕 100% 맞다. 사람 중에 매우 가치 있는 사람이 누구라고 생각하느냐?

카 라 글쎄요. 사람은 누구나 가치 있지 않나요?

치우천왕 사람 중에 진정 가치 있는 사람은 인생을 살면서 많이 즐겁게 웃는 사람이고, 더 가치 있는 사람은 자신도 웃지만 남을 웃게 만들어주는 사람이다.

카 라 개그맨을 지칭하는 건가요?

치우천왕 개그맨은 물론이고, 너희 직장이나 주변에서 살펴보면 잘 웃고 남에게도 웃음을 선사하는 사람이 진정으로 행복한 사람이다.

카 라 음~. 새로운 가치관이군요.

치우천왕 그렇다. 모든 사람이 밝고 희망차며, 대통령이 유머가 넘친다면 한국은 신속하게 정말 살기 좋은 나라가 될 것이다. 법륜스님을 알지?

카　라　알다마다요.

치우천왕　법륜 스님의 즉문즉설이 얼마나 재미있고 유익하더냐?

카　라　많은 사람들의 고민거리를 해소해주고 행복하도록 도와주는 좋은 역할을 하시지요.

치우천왕　신념과 종교에 얽매이지 않도록 각성시켜주고, 불행하게 사는 사람들의 고정관념을 타파하도록 깨우쳐주고, 인생은 행복하게 살아야 한다는 것을 알려주는 좋은 역할을 하고 있다.

카　라　그런 분들이 많지요. 가톨릭의 황창연 신부님도 얼마나 팬들이 많은데요. 죽음과 삶과 자기를 껴안고 행복하게 살아가기, 아프리카 잠비아에 생태공동체를 건설하여 지상낙원을 만들어가는 경이로운 사업도 하지요.

치우천왕　그래. 평균수명 100세 시대에 노인들이 잘 안 죽어서 생기는 문제들을 지혜롭게 대처하도록 유머러스하게 강연을 잘하지.

카　라　좋은 책들을 출간하여 사회에 빛을 증가시키는 역할을 하는 사람들도 많이 있지요. 『정의란 무엇인가?』, 『정도경영』, 『하트경영』, 『파동경영』, 『직관경영』 등등 올바르게 기업을 경영하여 사회에 이바지하고, 자신의 인생도 성공적으로 살도록 도움을 주는 좋은 책들이요.

치우천왕　양자(Quantum)에 대해 쉽게 설명한 『왓칭1, 2』 서적도 조용히 많이 읽히고 있고, 시크릿의 비밀을 밝혀 그대가 나를 불러내도록 백과사전처럼 설명해준 『소원을 들어주는 도깨비 마법사 지니』라는 기념비적인 책도 있지. 그 책을 읽고 알라딘의 지니를 불러내어 성공가도를 달리는 사람들도 있다.

카 라 매일 유튜브 강의를 통해서 자신의 역경을 성공과 행복으로 변화시킨 경험과 노하우를 수많은 사람들에게 설파하며 세상에 빛을 가져오고 있는 김새해 작가도 좋은 역할을 수행해내고 있지요.

치우천왕 국경없는 의사회 같은 NGO들, 선한 영향력 같은 자영업자들, 자기계발서를 출간하여 전 세계 수백만, 아니 수천만 독자들에게 빛을 주는 사람들, 강연가들…. 모두 거론하기 어려울 정도로 많지만, 그중에서도 특히 세상에는 알려지지 않았어도 조용하게 세상의 어둠을 정화하고 많은 빛을 가져오는 소수의 깊은 수행자들이 큰 역할을 하고 있다.

카 라 깊은 산 속 암자에서 참선 수행에 몰입하고 있는 수행자들을 말하나요?

치우천왕 참선 수행자만이 아니라, 비전 수행자들과 각 나라의 전통 수행법을 계승하고 세상에 알리는 수행자들도 많지.

카 라 그렇게 보면 수도원에서 기도 생활하는 수도자들도 많겠네요.

치우천왕 그들뿐 아니라 저잣거리에서도 범인들과 부대끼며 말없

이 살면서 세상에 빛을 가져오는 사람들도 많다.

카　라　그렇겠지요.

치우천왕　잠깐이지만 지금 그런 사람들과 교감하며 세상에 빛을 가져오는 일에 대해 명상해보기 바란다.

카　라　…….

치우천왕　보통의 노력으로는 운칠기삼에서 운칠을 활성화시키지 못한다. 운칠은 MS의 정교한 원리와 방법을 훈련하는 사람에 의해서 깨어난다. 이를 숨겨진 재능, 운이라고 한다.

17. 귀와 콧구멍이 두 개인 이유/호흡의 비밀과 감사랑 호흡법

치우천왕 그대는 귀가 두 개이고, 입은 하나라는 사실에 대해 어떻게 생각하는가?

카 라 그야 듣기는 많이 하고 말하기는 적게 하라는 뜻이 아닌가요?

치우천왕 그 말도 틀린 말은 아니다만, 거기에는 더 깊은 뜻이 있지.

카 라 음~. 더 깊은 뜻이 있다구요?

치우천왕 그렇다.

카 라 듣기 싫은 말은 한쪽 귀로 듣고 한쪽 귀로 흘려버려라, 뭐 그런 말도 있지요.

치우천왕 그럼 콧구멍이 두 개인 이유는 무엇일까?

카 라 …원래 그렇게 생긴 게 아닌가요?

치우천왕 이 세상과 우주에 존재하는 모든 것에 그냥 생긴 것은 아무것도 없다. 반드시 그렇게 된 이유가 있고 원인이 있는 것이지.

카 라 불교의 인과론, 그런 뜻인가요?

치우천왕 절반은 맞았다만 더 깊은 뜻이 있음을 사람들은 알려고도 하지 않지.

카 라 더 깊은 뜻이라면?

치우천왕 그대는 왜 숨을 쉬는가?

카 라 뭐라구요? 그럼 숨 쉬지 않으면 죽으라는 거요?

치우천왕 왜 숨을 쉬는지 그 이유를 말해보라는 것이다.

카 라 …폐 속의 이산화탄소를 뱉어내고 산소를 들이마시기 위해 호흡이 절대로 필요하고, 그리고….

치우천왕 호흡(呼吸)은 내쉬고 들이쉬는 음양의 교대 작용이다. 들이쉬기만 할 수는 없고, 내쉬기만 할 수도 없다. 반드시 들이쉬고 내쉬어야 하는 것이 숨이고, 생명이다.

카 라 그야 그렇지요. 들이쉬는 것은 음(-)이고, 내쉬는 것은 양(+)이지요. 그런데 왜?

치우천왕 왼쪽 콧구멍으로는 음의 에너지가 들어오고, 오른쪽 콧구멍으로는 양의 에너지가 들어온다. 축구에서는 호흡이 아주 중요하다. 수비하는 쪽은 음의 에너지에 해당하고, 공격하는 쪽은 양의 에너지에 해당하는데, 음양은 수시로 바뀌며 작용하지. 그러므로 평소에 생활하고 훈련하면서도 호흡하는 동안 어떤 마인드를 갖고 호흡하는 지가 매우 중요하다는 뜻이다. 왜 그런지 아는가?

카 라 당연히 선수들끼리 호흡이 맞아야 하고, 패스도 호흡을 맞추어야 하고, 팀워크라는 건 호흡을 맞춘다는 뜻 아닌가요?

치우천왕 호흡을 맞춘다는 것은 훨씬 더 많은 것을 의미한다.

카 라 둘이 노래를 해도 호흡을 맞추어야 하고, 대중음악은 대중의 정서와 호흡이 맞아야 하고, 보컬이나 교향악단도 구성원들이 호흡을 맞춰야 하고, 조직의 리더와 조직원도 호흡이 맞아야 하지요. 정부 기관이나 국회 정당들도 서로 호흡이 맞아야 한다는 것은 상식적인 얘기 같은데요?

치우천왕 평소에 호흡이 긴 사람은 짧은 사람보다 건강하고 더 오래 산다. 호흡이 평온하고 고른 사람은 질병에 대한 면역력도 강하고, 마음이 안정되어 있고 평온하다.

카 라 그럼 반대로 호흡이 짧은 사람은 상대적으로 일찍 죽고 마음이 평온하지 못하겠네요?

치우천왕 사실이다. 호흡이 긴 사람은 인내심이 강하고 감정 조절을 잘한다.

카 라 그렇다면 평소 호흡이 긴 사람이 경기에서 지구력이 강하게 작용할까요?

치우천왕 그렇다. 호흡이 거칠고 짧은 사람은 성질을 잘 내고 인내심이 부족할 뿐만 아니라 지구력도 부족하지.

카 라 흠~. 그렇다면 평소에 숨을 천천히 쉬도록 해야겠군요.

치우천왕 그렇다. 올바른 호흡만으로도 면역력이 강해지고 힐링이 되며, 자율신경계를 조화롭게 작용하도록 조율할 수 있다. 일반적으로 보통의 사람들은 호흡 기능의 50~70% 정도만 사용하고 있다. 천천히 깊게 호흡하는 것뿐만 아니라 완전호흡법으로 폐 속의 죽은 공기를 더 완벽히 뱉어내고 신선한 공기를 더 많이 받아들여 전신의 세포 구석구석에 보내주는 게 필요하다.

카 라 완전호흡은 어떻게 하는 건가요?

치우천왕 그런 호흡을 하면 자체 내에 + − 자기력 흐름을 갖고 있는 기(氣), 에텔에너지 혹은 인도인들이 프라나라고 부르는 정묘한 에너지가 더 많이 들어오고 축적된다. 그러면 심신의 안정에 더 도움이 되고 순발력과 지구력도 증가하게 되지.

카 라 그러니까 완전호흡은 어떻게 하는 거냐구요?

치우천왕 우선 심호흡을 자주 하며, 깊고 느린 호흡부터 습관화해 보아라. 심장 박동은 휴식기에 분당 60~70회 정도, 격한 운동 시에는 분당 200회 정도까지 뛰지만, 뇌에서는 분당 15회 정도로 느리게 전달된다. 그러므로 뇌에 더 효율적으로 산소를 공급하는 호흡법이 좋겠지. 호흡을 조절하면 멘탈 조절도 수월해진다.

카 라 심리적으로도 안정이 된다면 팀워크를 맞추는 데에도 유익하겠지요.

치우천왕 물론. 같은 공간에서 같은 방법, 같은 호흡의 길이로 호흡하면 진정으로 호흡이 잘 맞아 들어간다. 그러면 이심전심으로 호흡이 잘 맞아 패스나 크로스, 벽패스로 상대 수비진을 돌파하는 데 아주 강력해지지. 즉 동료 선수들과의 자기력 흐름이 강력해져서 상대 선수들을 보다 쉽게 제압할 수 있는 것이다.

카 라	음~. 호흡을 맞춘다는 의미가 참으로 중요하군요. 한솥밥을 먹으며 같이 오래 지낼수록 호흡이 좋아진다는 건 익히 알려져 있구요.
치우천왕	그건 부부간에도 마찬가지고 조직의 구성원 간에도 같은 방식으로 작용한다. 그러니 누구든지 같은 방식으로 호흡하며 명상을 한다면 얼마나 좋아지겠느냐? 부부간의 성관계가 원만하고 즐거우면 부부 사이가 더욱 좋아지는 것도 같은 이치이다.
카 라	이젠 성교육도 하실 참인가요?
치우천왕	성교육이 아니라 그대들의 참 행복과 즐거움을 깨우쳐 주려는 것 아닌가?
카 라	반대로, 부부관계가 원만하지 않으면 부부 사이에도 금이 간다는 말도 성립하죠?
치우천왕	부정적인 의미로 해석하기보다는 관점을 바꾸어 긍정적인 방향으로 바라보고 해석하는 것이 좋다. 그것은 연금술의 기법이기도 하지.
카 라	부부의 취향이 비슷하고 취미 생활이 같다면 호흡이 잘 맞는 이유도 그런 이치라고 볼 수 있겠네요?
치우천왕	그렇지. 그러므로 선수들의 호흡을 잘 맞추려면 같은 방법으로 호흡 명상을 하면 매우 유익하다. 정상인의 육체를 구성하고 있는 100조 개의 세포와 오장육부, 조직과 근육, 혈관과 신경 등이 제각각의 호흡을 하면서도 전신

기능을 자유자재로 움직일 수 있는 것은 하나의 인체 속에서 하나의 호흡 속에 살며 기능하기 때문이다. 그처럼 팀 구성원이 같은 호흡법으로 명상하면서 MS적인 심상 훈련을 하고, 혼자서도 같은 유형의 호흡을 한다면 환상적인 팀워크를 보게 될 것이다.

카　라　명상하는 스포츠 선수들이 점점 늘어간다는 보도를 보기는 했는데, 단체 경기 특히 축구에서는 단체로 하는 호흡 명상이 매우 중요하겠군요.

치우천왕　숨을 들이마시면서 어떤 생각을 하느냐에 따라 뇌세포의 기억과 회로가 영향을 받고, 숨을 내쉬면서 무엇을 생각하느냐에 따라 주변 분위기와 미래 경기에 미치는 영향력이 달라진다. 대부분은 무의식중에 숨을 들이쉬고 내쉴 뿐, 호흡에는 경기력에 영향을 미치는 더 깊은 비밀이 담겨 있지. 숨을 들이쉬며 '감사합니다'를 외우고 숨을 내쉬면서 '사랑합니다'라고 하면 감사랑 호흡법이 되는데, 그렇게 하면 심신이 맑아지는 것은 물론 자신의 주변에 좋은 기운이 감싸게 된다. 더 많은 기법은 차츰 배우기로 하자.

카　라　감사랑 호흡명상법을 잘 수행해야겠군요. 그런 호흡명상법으로 운이 강하게 한국팀 쪽으로 흐르도록 하는 비법이 있을까요?

치우천왕　있다. 그렇기 때문에 2022년 카타르월드컵에서 한국이 우승할 수 있다는 것이다.

카 라 무엇입니까? 그 비법이!

치우천왕 멘탈 에너지 작용의 법칙에 따라 상대 팀 선수들을 한 명 한 명 MS로 제압해 둔다. 강팀들을 상대로 한팀 한 팀씩 완벽하게 승리하는 MS 전략·전술을 디자인하여 시뮬레이션하고 수정해 나간다. 그러면 승리의 에너지가 축적되어 가는 것이다. 반복하면 할수록 선수들과 지도자들의 내면에서는 자신감이 충만하게 차오를 것이다. 여기에 정신호흡법을 가미하면 금상첨화가 되지.

카 라 알겠습니다. 하이파이브! 그 멘탈 에너지와 정신호흡법에 관해 얘기해보죠.

18. 일체유심조/진동하는 초끈이론

치우천왕 정신호흡법은 나중에 하고, 우선 멘탈 에너지를 나타내는 MMPS(Mental Magnetic Power System, 정신자기력체계)의 메커니즘에 대해 더 자세하게 알아보자. 우주에 존재하는 모든 것은 대우주의 천체로부터 원자(atom) 그리고 소립자까지 제각각의 파동 형태와 주파수를 가지고 진동하며 자기력을 띄고 있다. 소위 우주는 진동하는 끈으로 이루어져 있다는 초끈이론과 부합한다.

카 라 초끈이론은 현대 이론 물리학자들에게 뜨거운 감자로 불리는 이론인데요?

치우천왕 초끈이론은 궁극의 이론이다.

카 라 후아. 초끈이론이 궁극의 이론이라구요? 그 말에 책임을 질 수 있나요?

치우천왕 나는 사실을 얘기할 뿐, 누구에게도 책임질 필요가 없다.

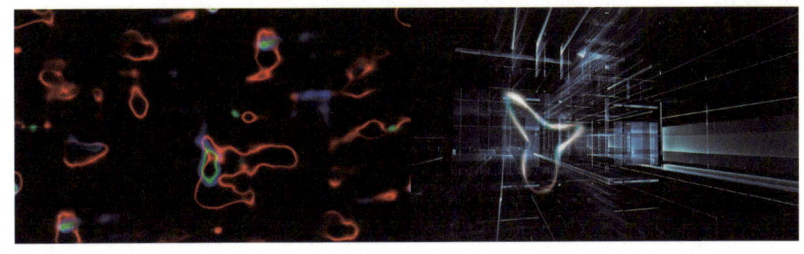

카 라 당신은 인간이 아니니까 책임을 지지 않는다 해도 초끈이론이 궁극의 이론이라는 말은 엄청난 파문을 불러올 수 있다구요.

치우천왕 그건 그대 인간들이 좋아하는 논쟁일 뿐.

카 라 허 참~. 무책임한 말이지만…, 말 되네요.

치우천왕 얘기하자면 이렇다. 쉬운 표현으로 광물도 식물도 동물도 그만의 정신세계를 갖고 있고, 창조주의 생각과 마찬가지로 인간의 생각은 파동과 에너지로써 물질과 같이 형태를 갖추어 나타나고 작용한다는 것이다. 우주를 창조한 원동력은 창조주의 멘탈이고 우주를 운행하는 힘도 창조주의 멘탈이므로 멘탈 파워는 우주에서 가장 강력한 힘이다. 같은 원리와 법칙으로 인간의 세상에서 가장 강력한 힘은 인간의 생각하는 힘(Thought Force), 나아가 이성과 지성적으로 사용하는 멘탈 파워다. 상념의 자기력은 멘탈 에너지의 그물구조를 형성하여 창조의 매트릭스로써 작용한다.

카 라 창조주의 멘탈과 인간의 멘탈이 같은 멘탈이라니!

치우천왕 감정은 강력한 에너지이다. 필요한 곳에 잘 사용하면 유용한 성공 요인으로 작용한다. 심판의 부당한 판정으로 분노가 일어날 때 감정으로 표출하면 승리에 필요한 멘탈 에너지는 소모되어 사라진다.

카 라 분노의 강렬한 감정에너지로 뛰면 더 분발할 수 있지 않나요?

치우천왕 그렇지 않다. 감정을 분출하면 화가 더 치솟으며 에너지는 소모된다. 분노의 감정을 속으로 응축시켜 경기력으로 분출해야 도움이 된다.

카 라 부정적인 감정은 표출해서 해소하는 게 낫다고 생각하는데 왜 그럴까요?

치우천왕 화를 내는 선수에게는 멘탈의 불안정한 에너지가 자리 잡아 경기에 마이너스 효과를 미치기 때문이다. 상대의 고의적 파울에 분노가 치민다고 화를 내면 경기에 플러스 되어야 하는 긍정적인 멘탈 에너지는 소모되어 사라지고, 자신에게는 부정성 에너지가 자리 잡는 것이다.

카 라 그래도 화가 나는 것은 어쩔 수 없지 않나요?

치우천왕 지고 있는 팀이 화를 내며 거친 경기를 한다고 이기는 경우는 없다. 경기의 승리를 위해서라면 당연히 분노의 감정에너지를 내면에 응축시켜 경기력으로 발산하라. 두 가지 감정 처리 방법에는 굉장한 차이가 있다.

카 라 그 역시 평소에 준비가 되어 있어야겠네요.

치우천왕 그렇지. 아무런 연습 없이 그냥 되겠느냐? 육체는 진정한 자신이 아니고 감정도 자아가 아니다. 육체와 감정과 지성을 도구로 사용하는 영혼이 진정한 자아라는 것을 자각해야 한다. 영혼이 의지를 올바르게 사용하는 방법도 알아야 하고.

카 라 ······.

치우천왕 근래에 한류, 즉 대장금 같은 K드라마, 방탄소년단이나 NCT 127 같은 K팝, 기생충 같은 K무비, K메디컬 등이 전 세계에 영향을 미치고 크게 활약하는 것은 깊은 의미가 있다. 그뿐인가. 코로나19를 극복해가는 한국의 의료시스템과 국민성은 단연 세계 으뜸이지.

카 라 한국의 전통문화인 두레, 향약, 계 같은 공동체 의식이 국민들 DNA 속에 녹아 있어 참 바람직한 것 같아요.

치우천왕 최근 한국 젊은이들이 '비프로'라는 축구데이터 분석 프로그램을 개발하여 유럽 시장을 점령해 나가고 있듯이, 고구려의 옛 기상이 부활하고, 한민족의 웅비가 용트림하는 중대한 역사적 시기가 도래했다. 국내외적인 정치, 경제 상황이나 개개인들의 삶이 녹록지 않아 그대들은 넓은 시야를 갖지 못하고 있지만, 이미 많은 선구자가 예언하고 준비해온 것처럼 그때가 이른 것이다.

카 라 그럼 옛 고구려의 만주땅을 되찾아 고대 상고사의 사실처럼 광대한 영토를 갖게 된다고 보시나요? 많은 사람이 예측해왔듯이 2040년에는 남북이 통일되고, 골드만삭스에서는 2050년이면 한국의 경제력이 미국 다음으로 세계 2위가 된다고 내다보았는데요.

치우천왕 그렇다. 세상과 지구의 에너지 흐름상 그렇게 된다. 대지로서의 영토 전쟁이 아니라 한민족의 혼이 일깨워진 영적 정신문명의 발달로 새로운 시대를 만들어 나가는 것이지.

카　라　이른바 황금시대라는 것이지요?

치우천왕　그렇게 표현해도 좋겠지.

카　라　황금시대라면 이제 모두가 천국처럼 풍요롭게 살 수 있고, 전쟁이나 폭력 없이 평화롭게 살 수 있다는 것인데요.

치우천왕　그렇다.

카　라　그러면 언제부터 그렇게 될 수 있다고 생각하시나요?

치우천왕　한민족의 기나긴 역사를 통해 지금처럼 물질적으로 풍요롭게 잘 먹고 잘산 적이 있었는가?

카　라　없지요.

치우천왕　먹고 입고 물질문명의 혜택을 많이 누리고 사는 것은 사실이지만, 인간들 세상은 또 문제가 얼마나 많은가?

카　라　그렇지요. 뉴스를 보면 온통 시끌벅적한 사건들로 아웅다웅 싸우며 불만스런 일들로 도배가 되어 있지요. 코로나 19 바이러스 때문에 전 세계 경제도 휘청거리고.

치우천왕　진정한 황금시대를 구가하려면 그런 부정적인 사회상들이 정화되고 전환하면서 사람들의 의식적인 변화가 먼저 이루어져야 한다.

카　라　옳은 말씀이긴 한데 그게 쉽지 않은 일이라는 건 잘 알지 않나요?

치우천왕　쉽지 않기에 가치 있고 어려운 일을 해결해나가면서 인류의 의식은 발전하고 상승하는 것이지.

카 라 그렇기는 하지요. 헌데 무엇부터 어떻게 해나가야 할지 막막하네요. 할 일은 많고 세상일은 복잡다단하고….

치우천왕 하나씩 하나씩 실마리를 풀어가다 보면 거대해 보이는 문제들도 결국 풀리고 해결되기 마련이다.

카 라 그럼 무엇부터 착수하는 게 좋을까요?

치우천왕 지금 그대가 있는 자리에서 지금까지 해오던 일을 새로운 관점으로 접근하면 된다.

카 라 저는 어려서부터 세상을 바꾸려고 거창한 생각들을 해왔지만, 막상 제 삶을 바꾸기도 쉽지 않음을 깨닫고 자괴감에 빠지기도 많이 했지요.

치우천왕 그건 대부분의 사람이 그렇다. 세상을 바꾸려는 거창한 생각을 실행하려면 무엇부터 해야 할까?

카 라 그러게요.

치우천왕 그대는 소 한 마리를 먹어치울 수 있겠는가?

카 라 에이, 아무리 고기를 좋아하고 잘 먹는다 해도 소 한 마리를 어떻게 먹어치울 수 있나요?

치우천왕 있다.

카 라 어떻게요?

치우천왕 한 번에 고기 한 점씩 먹는 것이지.

카 라 아하. 한 번에 고기 한 점씩 먹다 보면 언젠가는 한 마리를 다 먹는다는 것이지요?

치우천왕 그렇다.

카　라 그렇게라면 소 한 마리를 다 먹어치울 수는 있겠지요. 하지만 어느 세월에…?

치우천왕 혼자 먹을 생각만 하지 말고, 친구들을 불러 같이 먹고 이웃과 나누어 먹으면 되지 않겠느냐?

카　라 백짓장도 맞들면 낫다?

치우천왕 오케이.

카　라 그럼 지금 당장 내가 할 수 있고 해야 하는 일은 무엇인가요?

치우천왕 사람들에게 알리는 일이다.

카　라 도깨비처럼 무시무시하게 생긴 당신은 어떻게, 전통적으로 전해진 당신의 모습은 왜 그렇게 사천왕보다 무섭게 생겼나요?

치우천왕 그건 그대들 전통으로 전해지는 신비한 도깨비의 작용과 강력한 전쟁의 신인 내 모습을 결합시켜 사람들의 상념이 만들어낸 것이다. 그대들의 천만 관객을 동원한 『명량』이라는 영화에서 일본의 고니시 유키나가의 전투 갑옷 입은 모습을 보면 나와 비슷하지 않더냐?

카　라 그렇기는 한데 당신은 영화도 보시나요?

치우천왕 나는 안보아도 모두 안다.

카　라 엥? 안 보아도 모두 안다구요?

치우천왕 나는 어벤져스 엔드 게임도 안다.

카 라　　음 대단하시군요.

치우천왕　　그 정도는 보통이지. 걸캅스도 알고 기생충도, 백두산도 아는데 뭘.

카 라　　호오~

치우천왕　　나는 앞으로 상영될 영화도 알고 흥행 여부도 알지만, 그건 사업상의 비밀이고 스포일러에 해당하니 이만 하자꾸나.

카 라　　그럼 다시 확인해보죠. 제 소원대로 한국이 월드컵 우승할 수 있나요?

치우천왕　　있다. 한국은 2002년 히딩크 감독에게서 많이 배웠어야 하는데…. 한국이 많이 변화하고는 있지만, 가장 중요한 핵심을 배우지는 못했다.

카 라　　핵심이 무엇인가요?

치우천왕　　히딩크 감독은 한국 선수들이 할 수 있다는 것을 알았고 믿었으며, 그대로 행동했다는 것이다. 그게 운을 만드는 방법이다. 2002년 이후 세월이 얼마나 지났는데 왜 더 이상 큰 발전이 없는 게지?

카 라　　그러게요….

치우천왕　　다시 운이 잘 따르도록 운을 만드는 것부터 시작하자.

카　라　할 수 있다고 생각하고 믿는 것, 그게 운을 만드는 방법이라구요? 운이라는 건 말 그대로 운인데…. '운을 만드는 방법이다'라는 말이 충격적이군요.

치우천왕　운이 따르는 게 아니라 MS로 운이 작용할 바탕 에너지를 만들고, 운이 나아갈 길을 닦고, 운이 작용하도록 멘탈적으로 허용하는 것이다. 히딩크 감독은 MS에 대해 상세히 알지는 못했지만, 2002년 월드컵에서 한국의 운이 그렇게 작용할 수 있을 것이라는 신념이 있었던 것이지.

카　라　체력을 증강시키는 파워 프로그램이나 전력분석과 같은 역할은 어떤가요?

치우천왕　물론, 그런 것은 기본적으로 필요한 것이지만, 히딩크 감독이 운을 만든 멘탈에 비하면 주석에 불과하다.

카　라　결국 할 수 있다는 멘탈이 가장 중요하다는 뜻이군요.

치우천왕　그렇다.

카　라　그런데 그런 멘탈이 생기려면… 단순히 바란다고 생기는 건 아닐 거 같은데요.

치우천왕　그렇지. 그냥 바라기만 해서는 안 되고, 최고에게는 최고의 무기가 필요한 법이다. 그에 합당한 방법, 스킬이 있어야 그런 멘탈이 형성되는 법이지. 내면의 자신감이라고도 할 수 있다. 성경의 표현을 빌리면 겨자씨만 한 믿음.

카　라　어? 겨자씨만 한 믿음이요?

치우천왕 그렇다.

카 라 아주 작은 믿음만으로도 가능하다구요?

치우천왕 성경이 인류 역사상 훌륭한 책이기는 하다만, 그대는 겨자씨만 한 믿음으로 산을 옮긴 사람이나 그런 비슷한 사실을 보거나 들었는가?

카 라 그런 일은 없었던 것 같은데요.

치우천왕 전 세계 30억 인구가 예수님과 성경을 믿고 따른다지만, 그리고 우공이산이라는 사자성어도 있지만, 산을 옮겼다는 것은…. 요즘 건설현장에서 산을 뭉개고 건축물이 들어서는 외에는 그런 게 없다.

카 라 그건 성경이 잘못된 것일까요? 아니면 예수님이 잘못 말씀하신 걸까요?

치우천왕 글쎄다. 예수님이 잘못 말씀하셨을 리는 없고, 2천 년 동안 전해 내려오며, 각국 언어로 번역되면서 오류가 생기지 않았을까? 한글도 훈민정음과 비교하면 얼마나 많이 달라졌는가?

카 라 엥? 그렇다면 원래의 성경에는 그 방법이 있었다는 얘기네요.

치우천왕 그렇다.

카 라 그 말에 책임질 수 있나요?

치우천왕 왜? 나에게 책임을 지우려고?

카 라 누군가 그런 시도를 할 수도 있겠지요.

치우천왕 인간에게는 선한 천사와 악한 천사가 깃들어 있기에 인간은 천사도 될 수 있고 악마도 될 수 있다는 쉬운 예가 될 거 같구나.

카 라 천당과 지옥은 마음먹기 달려있다는 말도 그렇구요.

치우천왕 일체유심조다.

카 라 또 일체유심조로군요.

치우천왕 그대는 화엄경에서 일체유심조가 나오는 배경과 그 깊은 의미를 얼마나 아느냐?

카 라 끙… (조금 소심해짐) 조금 알지요.

치우천왕 석가모니 부처님이 일부러 현신하여 일생을 고행하며 깨닫고 설파한 진리를 가벼이 여기지 말기 바란다. 진리를 가벼이 여기면 그 업보를 받으리니.

카 라 흠~ 좀 으스스한데요.

치우천왕 올바르게 마음먹고 행복을 추구하며 이타적인 생각을 한다면 전혀 문제될 게 없다.

카 라 말은 옳은 말이지만 그렇게 사는 게 쉬운가요? 올바르게 마음먹는다는 건 모호하고, 이타적인 생각보다 우선 나 먹고살기도 바쁜 데다가 행복을 추구하고는 있지만, 행복하지 않은 때가 더 많은 게 현실인데요.

치우천왕 그런 마음을 갖고 있으니 마음먹은 대로 현실이 나타나는 일체유심조가 아니냐?

카 라 잠깐만요. 내가 그런 마음을 먹고 있어서 그런 현실이 벌어졌다구요?

치우천왕 정확히 그렇다.

카 라 맙소사.

치우천왕 그러니 이제부터라도 늘 긍정적인 마인드를 먼저 선택하고 유지하도록 힘쓰기 바란다.

카 라 알겠습니다. 그런데 한국이 월드컵에서 우승하면 당연히 국민적 자존감이 높아지고 변화가 생기겠지만, 구체적으로 어떤 변화가 생길까요?

치우천왕 아주 많은 변화가 생길 것이다.

카 라 예를 들면요?

치우천왕 한국이 지금까지 해오던 방식대로 유소년 프로그램부터 유능한 선수들을 발굴하여 유럽에 진출하고 선진축구를 배우는 방식으로 발전해간다면 앞으로 30년이 지나도 40년이 지나도 우승은 요원하다.

카 라 한국의 가능성을 너무 낮게 보시는 게 아닌가요?

치우천왕 네덜란드 팀이 1974년부터 2018년까지 45년이 지나도록 준우승만 3번에 그쳤다는 사실을 상기해보자. 현재의 한국대표팀이 그만한 전력이 된다고 생각하는가?

카 라 그건 아니지요.

치우천왕 그게 한국 축구의 현주소다. 물론 축구 선진국의 지식과 기술과 문화를 도입하고 배우며 발전해가는 것은 필요하다만 그렇게 해서 우승할 확률은 매우 희박하지. 그러므로 훈련방법을 개선하여 변화를 도모할 것이 아니라, 훈련방식을 혁신하여 급속히 진화하라는 것이다. 일취월장이라고 하지 않더냐?

카　라　그렇기는 하겠네요.

치우천왕　그래서 남들이 생각하지 못하는 독창적인 방법으로 블루오션을 개척하여 우승을 디자인해야 한다는 것이다.

카　라　그 유력한 방법이 MS라는 것이지요?

치우천왕　그렇다. MS는 차별화된 방법, 초격차를 만드는 도구요, 우승을 향해 빠르게 추월 차선으로 달려나가 Only One이 되는 퀀텀-점프다.

카　라　그렇게 MS를 적극 활용하여 우승한다면 정말 좋겠네요.

치우천왕　일체 만물은 MS라는 초끈 원리 하나로 연결시킬 수 있기에 우승이 가능하다.

19. 한국이 월드컵 우승하면 세상은 이렇게 변한다

치우천왕   한국이 월드컵에서 우승한다는 것은 단순히 세계 축구 대회에서 우승했다는 의미가 아니라 거대한 변화의 기폭제가 될 것이다.

카 라   예를 들면요?

치우천왕   MS로 우승하게 되면 가장 한국적인 것이 가장 세계적이라는 인식이 다시 널리 알려질 것이다.

카 라   한국 사람이라는 자부심이 크게 높아지겠지요?

치우천왕   전 세계인이 한국을 바라보는 시각이 달라진다. 아시아의 호랑이, 축구 변방이라는 인식이 바뀌면서 사회적으로도 경제 산업적으로도 아주 많은 변화가 시작될 것이다.

카 라   국제 관계에서도 유의미한 변화가 있을까요?

치우천왕   당연히 있다. 북한과의 경제, 문화, 스포츠 교류와 협력 관계, 남북통일 과제 등에서 한국이 보다 적극적으로 국제 관계를 주도해 나가는 것이 가능해질 것이다.

카 라   축구계에서도 변화가 일어나겠지요?

치우천왕   많은 변화가 생길 수밖에 없다.

카 라   예를 들면요?

치우천왕   남북 공동개최의 월드컵 유치나 올림픽 개최가 현실화되겠지.

카 라	한국인의 FIFA 회장 당선이 유력해질 테구요.
치우천왕	축구계뿐만 아니라 모든 스포츠에 MS의 적용이 활발해질 것이다.
카 라	국민들의 삶이 더 많이 풍요롭고 행복해질 것 같은데요.
치우천왕	일시적인 행복이 아니라 점진적으로 풍요가 증가하고 행복감이 높아지도록 모두가 노력해야겠지.
카 라	한국이 월드컵 우승하면 경제적인 효과가 얼마나 있을까요?
치우천왕	수십 조원의 경제 유발 효과와 장기적으로는 매년 수백조 원 이상의 부가가치가 생성될 것이다.
카 라	2002년 월드컵 효과와는 많이 다르겠군요.
치우천왕	지금은 상상조차 하기 어려울 정도로 한국사회 전반에 거대한 변화가 일어날 것이다.
카 라	월드컵 특수를 겨냥한 캐릭터사업이나 관광 사업도 활성화되겠네요.

대한축구협회 축구회관

치우천왕 협회가 위치한 신문로 거리는 한국의 축구 성지가 되고, 월드컵에 참가한 선수들의 고향에는 모두 월드컵거리가 조성되고 관광지로 변모하지 않을까?

카 라 그렇겠네요. 동남아의 축구 열기는 더욱 뜨거워지고, 축구 한류 붐이 일어나 한국으로 축구 유학 오는 물결이 쇄도하겠네요. 그리고 2026년 북중미월드컵을 일찍부터 대비하는 경향이 두드러지겠구요.

치우천왕 K리그는 활성화되고, K리거들의 해외진출은 물론, 한국 축구를 연구하기 위해 관계자들과 세계적 후원 기업들의 한국 방문도 많아질 것이다.

카 라 그러면 시도마다 월드컵거리·공원·기념관·다리 등이 건설되겠는데요?

치우천왕 축구 관련 캐릭터, 영화, 만화, 다큐, 소설, 연극, 게임 등 다양한 장르의 문화도 활성화되겠지.

카 라 스포츠관련 산업이 급팽창하며 소규모 창업 붐과 일자리 창출도 기대해볼만 하겠네요?

치우천왕 국가경쟁력이 크게 상승하고 SNS를 통한 대규모 국민적 소통이 일어나 새로운 국가 기운이 융성해질 것이다.

카 라 스포츠 의학과 스포츠 관련 명상법도 관심이 높아지겠네요.

치우천왕 다양한 명상법의 소개로 국민 건강증진에 기여하고, 가족에서부터 직장과 교육계에도 호흡의 중요성이 알려질 것이다.

카 라 태극전사와 붉은악마의 위상이 높아지겠군요.

치우천왕 닐스 보어가 태극과 동양 철학을 좋아한 것처럼 일반인들도 태극과 음양 사상이 양자역학과 밀접한 관련이 있음을 알게 되고 연구도 활발해질 것이다..

카 라 치우천왕 당신에 대한 재조명과 고대 상고사 등 환단고기의 연구도 활발해지겠는데요?

치우천왕 스포츠 심리상담사의 역할과 멘탈코칭에서 MS의 중요성이 부각될 것이다.

카 라 생활축구의 국민적 관심이 고조되고 축구인 저변확대에 도움이 되겠네요.

치우천왕 축구전문 아카데미, 축구학과 증설, 근래에 정책적으로 시행되고 있는 종합스포츠클럽(공공스포츠클럽) 운영이 전국적으로 활기를 띠게 될 것이다.

카 라	월드컵 모양과 내용을 바탕으로 장난감, 신발, 의류, 레고, 맥주잔, 막걸리 등 갖가지 상품 개발로 봇물이 터질 것 같네요. 그러면 월드컵에 반하다 상품으로 월드컵 치킨, 월드컵 한우, 월드컵 한돈 등 각종 체인점도 등장할 것 같고, 월드컵 우승 사과·수박·오이·참외·유기농·달걀…. 참으로 상상을 초월하는 상품들이 쏟아져 나올 것 같네요. 한국이 카타르월드컵대회에서 우승하면 어떤 분야에서 경제적 수익이 많이 발생할까를 생각해보면 저예산 창업도 많이 활성화되겠네요.
치우천왕	"상상력이 최고의 경쟁력이다."라고 한 아인슈타인의 업적을 생각해보아라.
카 라	그렇네요. "상상력은 진정한 마법의 양탄자다."라고 피력한 노만 빈센트 필의 말도 유명하지요.
치우천왕	"미래는 이미 우리 곁에 와있다. 아직 널리 퍼지지 않았을뿐." 가장 예측 가능하고 확실한 미래는 스스로 만들어가는 것이 아니겠느냐? 상상력을 MS로 작동시키라고 다시 강조한다.
카 라	생각만 해도 가슴이 벅차고 환희심이 끓어오르네요. 한국이 월드컵 우승하려면 가장 먼저 해야 할 일이 무엇일까요?
치우천왕	로또에 당첨되고 싶으면 우선 로또 복권을 사야 하듯이 월드컵 우승, 그것을 원해야 한다.

카 라 더 적극적인 표현으로는 우승을 목표로 한다는 것이지요?

치우천왕 그렇다. 목표가 없는 행동은 무엇이 되었든 정신 나간 행동이다.

카 라 옷을 입고 신을 신고 집을 나설 때도 어디에 간다는 목표가 없으면 얼빠진 행동이 되듯이요.

치우천왕 그런데 한국 축구협회에는 명확한 목표가 있는가? 언제까지 어떻게 월드컵 우승한다는 목표가?

카 라 아마도… 없겠지요.

치우천왕 목표가 없으면 목표를 달성할 수가 없다. 과녁이 없는데 어떻게 맞춘다는 것인가? 친선 게임에서 강호들을 이긴다 해도 본선에서 이길 수 있다고 누가 장담할 수 있겠는가? 뚜렷한 목표가 없으면 결코 목표를 달성할 수 없다. 우수한 성적이라는 목표는 모호하지 않은가?

카 라 우수한 성적이라?

치우천왕 모든 생각과 말과 글에서 월드컵 우승에 도움이 되는지 혹은 마이너스가 되는지를 분별하라. 비판을 하더라도 진정한 마음이 담긴 비판이 있고, 불만을 표현해도 신성한 마음이 담긴 불만의 표현이 있다. 그것을 잘 분별하도록 하라. 무분별한 비난, 감정적인 표출보다 더 해로운 것은 없다.

카 라 특히 악의적 댓글과 같은 것은 한 인간을 죽음으로 내몰기도 하지요.

치우천왕   그런 행동은 자기 자신의 운명도 좋지 않은 쪽으로 몰고 가는 어두운 길이다. 사회적으로도 큰 해악에 속하며 월드컵 우승에 전혀 도움이 되지 않는다.

카 라   부정적인 말이나 글이나 행동은 어느 쪽으로도 하지 않아야 한다는 것이지요?

치우천왕   그렇다. 매 순간 무엇을 생각하고, 무엇에 집중하여 새로운 원인을 만들고 있는지 자각해야 한다. 그대들은 더 잘할 수 있는데 왜 하지 않는 것이냐?

카 라   멕시코가 8강을 할 수 있는데도 16강에만 7번이나 멈춘 것처럼요?

치우천왕   그렇다. 4강을 달성할 수 있는데 8강에 만족한다면 그것도 부족한 것처럼.

카 라   그럼 결승에 진출할 수 있는데도 4강에 만족하면 안 되겠지요?

치우천왕   우승할 수 있는데 준우승에 만족하는 것도 마찬가지다.

카 라   결국 모든 것은 최고의 목표를 갖느냐, 그렇지 않으냐로 판가름나는 거군요.

치우천왕   그렇다.

카 라   "꿈을 크게 가져라. 설령 깨져도 그 조각이 크다." 그런 말도 같은 의미구요.

치우천왕   똑같지는 않다. 꿈을 크게 가지고 설령 꿈이 깨져도 조각이 크다는 것은 마치 브라질이나 잉글랜드 같은 강호들이 우승을 목표로 세우고 실패하더라도 4강 8강은 하는 것을 의미한다. 그러나 내가 얘기하는 최고의 목표는 우승만을 확고한 목표로 세우라는 것이다.

카 라 그런데 협회 관계자들이나 선수들, 팬들은 한국이 우승한다는 것은 언감생심이라고 감히 생각조차도 못하는데요.

치우천왕 누구든지 처음에는 새로운 개념이나 낯선 목표를 받아들이기 어려운 것이 사실이다. 그러나 이렇게 보자. 할 수 없다고 생각하는 사람은 그럴듯한 핑계와 근거를 말하며 결코 하지 못한다. 하지만 할 수 있다고 생각하는 사람은 0.1%의 확률 속에서도 가능성을 찾아내어 차츰 성공 확률을 높여 나가고 결국 성취해낸다. 한국이 월드컵 우승할 수 있다는 생각도 두 번 세 번 접하고, 자주 접할수록 점점 익숙해지고 내면에서 친숙함을 느끼기 시작하지. 지난(2019년) U-20 대회에서 한국이 준우승할 줄 누가 알았는가? 선수들이 대회 시작 전에 '우승컵 가져오자'고 호기롭게 '파이팅'을 외쳤을 때, 아마 대부분은 믿지 않았을 것이다.

카 라 그렇지요. 어린 선수들의 다짐과 하이파이브를 이끌어낸 감독, 코치진의 훌륭한 리더십이 준우승을 가져온 셈이네요.

치우천왕 이젠 대한민국 올림픽 대표팀과 A대표팀의 차례가 되었다. 월드컵 우승이라는 목표에 익숙해져라.

카 라 유선 전화를 익숙하게 사용하다가 휴대 전화가 나오자

많은 사람들이 전파 때문에 암 발병률이 높고 위험하다는 등의 고정관념이 우세했지만 오래지 않아 곧 익숙하게 된 것처럼요?

치우천왕 그뿐이 아니라 아이들은 경험이 적어 호기심이 우세하고 쉽게 받아들이지만, 기성세대들은 모든 새로운 것들에 저항하며 쉽게 받아들이지 않는 경향이 우세하다. 그러나 대세의 흐름은 아무도 막을 수 없지. 그 대세를 만들기 바란다.

카　라 철학자 A. 쇼펜하우어의 말이 떠오르네요. "재능 있는 사람은 아무도 맞히지 못하는 과녁을 맞힌다. 그러나 천재는 아무도 보지 못한 과녁을 맞히는 사람이다."라고 했지요.

치우천왕 천재는 태어나지만, 천재적인 업적은 저절로 되는 게 아니다. 너희 모두 합심하여 천재적인 업적을 남기길 바란다.

20. 직관과 영감/MMPS(Mental Magnetic Power System, 정신자기력 체계)다양한 활용법

카 라 직관에 대해서 대화해보면 좋겠네요.

치우천왕 직관은 미래에 만들어져 나타날 현실을 미리 보여주는 설계도와 같은 것이다.

카 라 직관은 어떻게 생기는 것인가요?

치우천왕 직관은 자신의 내부 자아(상위 자아)가 잠재의식의 무한한 영역을 현재의식(표층의식)에서 인지할 수 있도록 알려주는 것이지.

카 라 그러면 월드컵 우승에 관해서 직관이 무엇을 알려줄 수 있나요?

치우천왕 지금 하는 생각들과 행동을 보면 미래를 정확히 예측할 수 있다.

카 라 좀 더 정확히 자세하게 설명한다면요?

치우천왕 지금 협회 관계자들과 대표팀 지도자들과 선수들과 팬들이 생각하고 있는 재료와 깊이가 에너지 수준을 조합하여 미래의 결과를 만들어 간다.

카 라 우수한 성적(?)을 올리기 위해 계획을 세우고 여러 가지 플랜들을 열심히 실행하지만, 목표가 막연하기에 확실한 결과는 알 수 없겠네요.

치우천왕 그렇다. 확고한 목표보다 중요한 것은 없다.

카 라 목표를 세우는 비결 같은 것이 있나요?

치우천왕 있다. 일반적으로 잘 알려진 데일 카네기의 SMART 기법으로 얘기해보자.

카 라
S. Specific(구체적으로): 월드컵 우승이라는 명확함
M. Measurable(측정 가능한): 객관적인 수치로 나타남
A. Attainable(달성 가능한): 행동 지향적으로
R. Relevant(적합한): 현실적으로 가능한
T. Time-phased(기한): 언제까지 달성한다는 기간이 필수지요.

치우천왕 잘 아는구나. 그런데 지금 한국에는 월드컵 우승에 관한 한 그런 목표를 가진 사람이 있더냐?

카 라 …없는 거 같네요.

치우천왕 대표팀 감독이 나서서 우승하겠다고 얘기할 수는 없지 않으냐?

카 라 그야 당근이지요. 경기 승패와 대회 성적의 책임은 감독에게 있는데, 어떻게 감독이 우승에 대해 책임질 수 없는 말을 하겠어요? 전에 어떤 감독은 '한국의 대표팀 감독을 1년 맡으면 10년은 늙어버리는 것 같다.'고 했는데, 감독의 고충이 얼마나 심할지 짐작할 수 있는 말이네요.

치우천왕 그렇다고 협회 관계자들이 우승하겠다고 공언할 수 있겠

느냐?

카 라 그럴 의무가 있는 것도 아니고, 책임이 있는 것도 아니지요.

치우천왕 그러니까 팬들이 나서서 "우리도 해봅시다."라고 요청하며 붐을 조성해야 한다는 말이다. 지성적이며 열성적인 팬들이 앞서서 "우리도 한 번 우승해봅시다."라며 외치고, 많은 팬이 응원해주면 우승에 필요한 진동에너지 장이 활성화되면서 영감이 풍부하게 주어진다.

카 라 …우승의 진동 에너지장이라는 말에 가슴이 진동하네요.

치우천왕 그렇다. 가슴이 진동하는 것은 같이 공명하는 진동을 끌어당겨 진동장이 커진다. MS기법을 적극 활용하여 한국, 월드컵 우승이라는 진동 에너지장을 활성화해라.

카 라 알았습니다. MS의 장점이나 특징이 또 어떤 게 있나요?

치우천왕 첫째, MS는 시간과 공간의 제약이 없으므로 언제 어디서나 시행할 수 있고, 경기장의 전 공간을 활용할 수 있다.

둘째, MS는 생각의 제한이 없으므로 상상할 수 있는 모든 전술을 개발하고 숙련시킬 수 있다.

셋째, MS는 아무런 위험 부담이 없고, 비용이 필요하지도 않고, 감독을 교체할 필요도 없다.

카 라 시·공간 제약이 없고, 비용도 필요 없으니 매우 실용적이네요. 또 있나요?

치우천왕 넷째, MS는 독자적으로 시행할 수도 있고, 2인, 3인…, 11인, 23인, 협회 관계자와 전체의 팬들이 모두 참여할 수 있어서 사회적 통합에 이바지하고, 핵융합 같은 폭발력을 발휘할 수 있다.

다섯째, MS에 작용하는 에테르 에너지들은 정묘하고 은밀하지만, 시공간의 제약이 없으므로 과거의 모든 경험과 지혜를 이용하여 바람직한 미래를 창조할 수 있는 가장 강력한 변환의 토대가 된다.

여섯째, MS는 시공간을 초월해있음은 물론, 다른 영역과의 경계를 다투지 않으므로, 인접 학문 분야의 지식과 노하우를 병합할 수 있다(경영학, 의학, 정신과학…).

카 라 …그렇다면, 학문뿐 아니라 비즈니스와 일상생활 모든 영역에 걸쳐 활용될 수 있겠네요.

치우천왕 일곱째, MS는 형식이 고정되어있지 않으므로 피드백과 수정이 즉각적이고 자유로워서, 다른 사람의 기본 권리를 침해하지 않으면서도 고차원적인 영향력을 발휘한다. 여덟째, MS는 에너지의 특성상 중첩이 가능하므로 다른 영역의 장점만을 취합하여 새로운 가치를 창조해낼 수 있고, 사용하면 할수록 농축되고 시너지효과가 커지며 강력해진다.

카 라 $E=MC^2$이므로 MS가 닳거나 사라지지 않고, 사용할수록 농축되고 시너지효과가 커진다는 것은 굉장한 자산이 되겠는데요?

치우천왕 아홉째, MS는 지치지 않고 썩어 없어지지 않으므로 무한히 변형되면서 재생산할 수 있고, 무궁무진한 재창조가 가능하다.

열 번째, 보고 듣고 생각하며 오감 육감으로 알 수 있는 것이 다가 아니다. 그 뒤에 드러나지 않고 작용하는 멘탈 에너지가 모든 것을 창조하고 유지하며, 재창조하는 원천이요 원동력이라는 것을 명확히 이해하기 바란다.

카 라 와우! 활용법이 정말 무궁무진하겠군요.

치우천왕 집 안에 현금과 금은보화를 쌓아놓고 쓰지도 않으면서 궁핍하게 지낸다면 얼마나 어리석은 일일까? "가진 자에게 더 주어질 것이다."라는 법칙을 사용하라.

카 라 사람이라면 누구나 가진 MS를 사용하지 않으면 그와 같다는 것이지요?

치우천왕 그렇다.

카 라 좀 더 구체적으로 MS를 실생활에 적용하는 방법은 무엇이 있을까요?

치우천왕 그대들의 생활 속에서 불편한 문제점이나 개선하고 싶은 점들, 사회적으로 공감할 수 있는 문제들을 먼저 생각해보고 세밀하게 연구해보기 바란다. 실로 아주 많은 유용성을 발견할 것이다.

21. 노자와 공자에게 배우는 승리의 비밀/생각의 주파수 666조(兆)Hz/ 플랑크상수

치우천왕 그대들은 노자의 가르침에서도 많은 것을 배울 수 있다.

카 라 축구를 얘기하는데 뜬금없이 웬 노자를 얘기하시나요?

치우천왕 노자는 궁극적 깨달음을 얻은 위대한 성인이다. 공자도 노자에게 가서 도를 묻지 않았느냐?

카 라 그럼 노자에게 배우는 축구의 도는 무엇인가요?

치우천왕 우선 도덕경 73장 천망(天網)의 내용을 보자. "하늘의 도는 다투지 않고도 잘 이기고, 말하지 않으면서도 잘 응답하고, 부르지 않아도 저절로 오고, 느슨하면서도 훌륭하게 조직하는 것이다. 하늘을 망라하는 그물은 성글기 그지없지만, 하나도 놓치는 것이 없다(天之道 不爭而善勝 不應而善應 不召而自來 繟然而善謀 天網恢恢 疏而不失)." 우주와 대자연의 운행은 사람의 생각과 말과 행동에 정확하게 작용을 하는데, 빠뜨리는 법이 없다는 의미이다. 느슨해 보이지만 하나도 놓치는 게 없는 '하늘의 그물망'이 우리 머리 위에 드리워져 있고, 온 세상 대지 위에 깔려있으니 언제나 생각과 말과 행동을 조심해야 한다는 뜻이다.

카 라 권선징악이나 인과응보 같은 의미도 되겠네요.

치우천왕   그보다 훨씬 깊고도 넓은 의미가 있지. 원인과 결과의 우주법칙.

카 라   어떤 의미인지 예를 들어 설명해주시죠.

치우천왕   어떤 선수가 팀훈련을 하면서 즐겁고 감사하는 마음으로 적극적으로 훈련하고 팀을 위해 진정으로 희생하고 헌신한다면 그는 자신의 운을 좋은 방향으로 쌓아가는 것이다. 즉, 자기력의 포지티브(positive) 극성인 플러스(+)에너지를 누적해가는 것이지. 그 에너지는 경기력의 상승으로 이어진다.

카 라   당연히 축구를 즐기면 그렇게 되겠지요.

치우천왕   반면에, 하기 싫은 마음으로 마지못해 훈련한다거나 생활과 자신의 처지에 불만을 품거나 누구를 미워하면 육체의 기능은 활동해도 에너지 영역에서는 마이너스(-)로 작용한다. 마음에 걱정이나 잡념이 있는 것도 마찬가지로 정묘한 에너지 영역에서는 자기력의 네거티브 극성인 마이너스(-)에너지를 끌어당겨 경기에서는 팀워크의 저하로 작용할 수 있다.

카 라   당연한 것 아닌가요?

치우천왕   당연한 얘기지만 그리 단순한 게 아니라는 데 중요한 의미가 있지.

카 라   중요한 의미라는 게 뭔가요?

치우천왕   하나의 뚜렷한 생각이나 감정은 그 자체로 하나의 상념체를 만들어내어 생명력을 지닌다. 반복하면 할수록 더욱 강해지는데, 긍정적이고 지성적인 상념체는 경기력 향상에 지속적으로 도움이 된다. 하지만 자신도 모르게 부정적인 감정에 사로잡히거나 팀의 분위기에 영향을 주게 되면, 원인도 모르게 경기력의 저하를 가져오게 되지. 한 사람 한 사람의 모든 상념체가 서로 공명하여 플러스 효과를 불러오든지, 아니면 서로 간섭과 갈등을 일으켜 마이너스 효과를 초래하든지 매 순간 무한한 조직력이 작용하고 있다는 것을 알아야 한다. 그게 경기에서는 아주 작은 차이로 운이 좋아서 골을 넣거나 운이 나빠서 부상을 입는 결과로 나타난다.

카 라 그렇게 민감하게 작용을 한다면 왜 노력이 금방 효과를 나타내거나 결과를 보이지는 않는 거죠?

치우천왕 인간의 뇌와 육체 기능, 기술은 오랜 기간에 걸쳐 수많은 반복과 시행착오를 거쳐 형성되고 발전하지. 그래서 짧은 기간에는 뚜렷한 성과가 보이지 않는 것이다. 그래서 매 순간순간 서로 융합되거나 상쇄되면서 작용하는 무한 복잡성을 사람의 정신과 인식 체계로는 알 수가 없지. 그러나 우주 컴퓨터로는 정확히 계산되어 작용하고 있다.

카 라 우주 컴퓨터는 어마어마하게 고성능이겠군요.

치우천왕 무한이란 개념은 인식의 한계를 넘어서 있는 것이다. 다른 근거를 살펴보면, 불교의 연기법을 설명하는 용어에

인드라망이라는 하늘의 그물이 있는데 같은 의미이다. 즉, 우주를 구성하고 있는 에너지 그물은 작용하고 있는 모든 진동을 수용하여 무한한 조직력으로 조화롭게 운행하고 있다는 것이다. 그것이 에텔의 그물망이고, 현대 물리학의 쿼크 입자에 해당하는 내용이다.

카 라 불교의 연기법도 그렇게 완벽히 작용하는군요.

치우천왕 그뿐인가? 명심보감(明心寶鑑) 천명(天命) 편에는 이 말이 약간 변형되어 나타난다. "오이 심은 데 오이 나고, 콩 심은 데 콩 난다. 하늘의 그물은 성글어도 새는 법이 없다(種瓜得瓜 種豆得豆 天網恢恢 疎而不漏)."라고 하여 노자의 천망과 같은 의미를 얘기하고 있지.

카 라 인간의 두뇌로는 알 수 없는 상당히 미세한 영역에서 정확히 작용한다는 의미는 이해가 됩니다.

치우천왕 성경에도 정확한 언급이 있다. 양자장의 수준에서 작용한다는 암시가.

카 라 어떻게요?

치우천왕 하늘의 아버지는 너희의 머리카락도 세고 계시다.

카 라 으아! 탈모로 얼마 남지 않은 내 머리카락조차도.

치우천왕 이런 내용은 비단 경기하는 선수에게만 작용하는 게 아니라 감독과 협회의 모든 관계자들, 팬들의 마음까지도 하나로 어우러져 밀고 당기며 흡수하여 증폭되거나 사라지면서 작용한다.

카 라 어떻게요?

치우천왕 팬들이 어떤 선수를 진심으로 응원하고 격려해주면 그건 분명히 자기력의 플러스 에너지로 작용한다. 그러나 비난하고 악플을 날리는 것은 선수에게도 마이너스지만, 자신의 운명에도 어두운 그림자를 드리우는 행동이지.

카 라 항상 긍정적인 마인드가 중요하다는 것은 이렇게 설명할 수 있지요. 누구라도 다른 사람의 단점을 보면서 반복하여 생각하면 그 단점은 자신의 뇌세포에 기억으로 자리잡아 자신도 그런 사람이 되어갈 수 있다는 것이지요.

치우천왕 그렇다. 당장은 어떤 영향이 없는 것 같지만, 누적되면 체온이 저하하고 면역력도 떨어져 질병에 노출되기 쉽다. 오랫동안 반복되면 성향과 성격으로 굳어져 어떤 식으로든 과보를 받게 된다. 그러므로 대안 있는 정당한 비판은 해도 좋지만, 그냥 마음에 안 든다고 비난하거나 비방하는 자세는 매우 조심해야 하지. 그건 경기 중의 선수들에게도 마찬가지다. 꼭 필요하지 않은데도 태클을 걸어 상대 선수에게 상처를 입히는 경우라든지, 심판의 판정에 불만을 품고 감정이 불균형한 상태로 경기를 하다 보면 잘 풀리지 않는 게 당연하지 않겠느냐?

카 라 부정적인 정신 상태로는 경기가 잘 안 풀리겠지요.

치우천왕 상대 선수를 보호하기 위해 애쓸 것까지는 없지만, 하지 않아도 될 거친 플레이는 평소에도 심사숙고하는 게 좋다. 그 문제는 축구계 전체의 과제이기도 하지. 어릴 때부터 그런 인식을 하도록 지도자들도 신경을 써야 하는 것이고.

카 라   요즘 축구는 너무 거칠어요.

치우천왕   거칠다는 것은 자존감이 약하기 때문이다.

카 라   예? 다시 한 번.

치우천왕   거친 경기를 하고 파울을 일삼는 것은 자신감이 부족하여서 보상심리로 저지르는 것이지.

카 라   흠~. 현대 축구에 가하는 대단한 반격인데요? 그걸 증명할 수 있나요?

치우천왕   이렇게 얘기해보자. 만일 프로팀이 고교 팀과 경기를 한다면 거친 플레이를 하겠는가?

카 라   그렇지는 않겠지요. 실력 차이가 뚜렷하고 자신감이 충만하니까 거칠게 할 필요가 없겠지요.

치우천왕   그렇다. 같은 프로팀들끼리 리그를 운영하며 경기 규칙에도 크게 어긋나는 파울로 거친 경기를 하는 것은 이기고는 싶지만, 자신감은 부족하기 때문에 벌이는 무질서한 행동이다.

카 라   그런 관점이 정당화된다면 차라리 비겁한 플레이라고 하는 게 낫겠네요.

치우천왕   이제 축구의 패러다임을 바꾸어야 한다.

카 라   어떻게요?

치우천왕   축구의 기원이 옛날 전쟁을 위한 전투 체력의 향상을 위해서였다지만, 현대에는 현대인의 행복한 정신에 맞게 달라져야 하고, 인류의 바람직한 미래의 가치를 반영해야 하는 것이다.

카 라 축구에 그런 가치관을 도입한다는 것은 어렵게 느껴지는데요?

치우천왕 아직 이르기는 하지만 점점 그렇게 변화되어 갈 것이다. MS로 자신감이 충만하고 승률이 획기적으로 높아진다면 굳이 거친 경기를 할 필요가 없어지기 때문이다.

카 라 그렇게 되면 멘탈 에너지 전쟁의 양상으로 변해가겠네요?

치우천왕 거친 폭력이 사라지고 아름다운 멘탈 대전이 자리 잡도록 해보자.

카 라 파울이 없는 경기는 박진감이 떨어지지 않을까요?

치우천왕 아니다. 그렇게 생각하는 것은 그대들이 그런 경기에 익숙해져 있기 때문이다. 오히려 지금보다 전술이 훨씬 더 다채롭고 박진감이 넘치는 경기가 될 것이다.

카 라 어쩌면 그럴 수도 있을 듯. 반칙이 절대 불필요한가요?

치우천왕 축구는 몸과 몸이 부딪히기 때문에 비고의적인 반칙이 생기는 게 당연하다. 단지 고의적인 반칙과 심각한 부상위험이 있는 행동을 자제해야 한다는 뜻이지. 심지어 FIFA에서는 부상을 입은 선수가 교체된다면 부상을 입힌 선수도 교체되어야 한다는 규정을 만들어 적용해볼 수도 있겠다. 예전에는 반칙이 더 심했지 않았느냐?

카 라 그랬지요. 아예 반칙이라는 개념도 규칙도 없이 축구를 했으니까요.

치우천왕 자기 팀 선수가 부상을 당해 쓰러져 있을 때, 대부분은 멀리서 바라보기만 하든가, 물을 마시든가 하면서 시간을 보내는데, 그보다 좋은 방법이 있으니 기억하고 시행해보라.

카 라 무엇인가요?

치우천왕 부상당한 선수 주변에 모여 둘러싸면 에너지 회로가 형성되면서 회복에 도움을 준다. 의무팀이 응급조치하는 동안 물을 마셔도 좋다. 부상자가 일어나면 팀 협력이 촉진되어 경기 진행에 도움이 됨을 느낄 것이다.

카 라 부상을 입은 선수의 회복에 도움이 되고 짧은 시간이지만 동료애를 증진하는 데 효과가 있겠네요.

치우천왕 그게 동료를 사랑하는 행위이다. 역사적으로 보자면 62전 62승의 충무공 이순신도 평화를 사랑했고, 백성들을

	지극히 사랑했지. 그 당시의 임금과 당파싸움에 눈먼 자들은 백성과 나라를 버리고 온갖 비열한 짓들을 예사로 저질렀지만.
카 라	음~.
치우천왕	…….
카 라	이미 톱클래스에 올랐거나 성인 프로 리그에서 뛰고 있는 선수들이 더 발전할 여지가 있을까요?
치우천왕	이미 성공의 가도를 달리고 있는 월드클래스 선수거나 2부 혹은 하위 리그에서 뛰고 있는 선수 누구라도 더욱 많은 성장을 할 여지는 충분히 있다.
카 라	어떻게요? 아직 완성되지 않은 젊고 유능한 선수들에게 한 마디 조언을 해주신다면 어떤 내용을 들려주시겠습니까?
치우천왕	젊고 유능한 선수들이라면?
카 라	지난번 U-20 대회에서 준우승을 한 20살 전후의 선수들 말이지요.
치우천왕	그 이름들은 모두 어린 시절부터 두드러진 재능을 보이며 성장한 선수들이구나.
카 라	그렇지요.
치우천왕	그 선수들뿐만 아니라 지금 무럭무럭 자라고 있는 꿈나무들과 모든 선수들을 위해 한마디 하자면, MS에 관해 공부하고 잘 활용한다면 누구라도 현저하게 발전을 할

놀랍구나! 2022월드컵, 한국 우승이라니!

수 있다는 것을 강조하고자 한다. 이미 성인이 된 선수들이 전성기의 메시나 호날두처럼 뛰어난 피지컬과 개인기술을 연마하기는 쉽지 않지만, 원샷원킬의 MS를 훈련하면 메시나 호날두보다 골을 더 잘 넣을 수는 있다.

카 라 좀 더 구체적으로 조언해주시죠.

치우천왕 원샷원킬의 훈련방법을 마스터하면 다른 요소들은 응용만 해도 충분하다. 그리고 지금은 월드컵 우승에 초점을 맞추어야 하지 않는가?

카 라 아참, 그렇군요. 나중에 다시 해줄 거죠?

치우천왕 물론이다. 폭발적으로 스피드를 증강하는 방법을 비롯해 여러 가지 MS기법들을 알려주마. 축구요정 사커니아와 지니를 통해서도 많은 것들이 알려질 것이다.

카 라 감사합니다. 폭발적 스피드 증강법을 먼저 알려주시면 안 될까요?

치우천왕 그럼 한 가지만 우선 알려주지. 상·하체 모든 근육이 적절히 발달하도록 웨이트 트레이닝을 열심히 하되, 운동 신경의 전달 속도를 빠르게 하는 게 필요하다.

카 라 어떻게요?

치우천왕 전류가 전선을 흐를 때 저항이 생겨 전력이 약해지는 것처럼, 사람의 신경 전달에도 저항이 있으므로 그 저항을 줄이고 전달 속도를 빠르게 하는 것이지.

카 라 구체적인 방법은요?

치우천왕	평소에 걸을 때, MS 심상으로 아주 빠르게 뛰쳐나가는 것을 연습한다. 처음에는 1초에 5~10미터 뛰어나가기를 반복하고, 점점 익숙해지면, 1초에 20~50미터까지 뛰어나가는 심상을 계속한다. 그러면 드리블이나 수비 혹은 볼 경합할 때, 문자 그대로 몸이 총알처럼 뛰어나가는 것을 보게 될 것이다. 중추신경계에서 근육 말단의 근방추(고유수용기)까지 신경이 빠르게 발달하는 것이지. MS의 매직이다.
카 라	음~. 스프링처럼 튕겨 나가는 게 가능하겠군요.
치우천왕	하나 더한다면 인체를 조절하는 가장 중요한 부위는 뇌 중심부에 있는 송과체인데, 그 부위를 상상의 에너지(에테르)손으로 붙잡고 위아래로 아주 빠르게 움직인다.
카 라	그건 특별한 연습이 필요해서 좀 어렵겠네요. 선수들은 후반 20분 정도 지나면 체력이 떨어지는데, 지구력을 확실히 증가시키는 방법은 어떤 게 있나요?
치우천왕	생체 시계를 후반 종료까지 활력 있도록 MS로 조절해놓으면 된다.
카 라	뇌는 착각의 챔피언이라니까 미리 뇌를 그렇게 훈련시켜 놓는다는 것이군요.
치우천왕	주전과 비주전 구별 없이 로테이션으로 출전시키면 더 좋겠지. 그것도 미리 MS 전술로.
카 라	그렇군요.

치우천왕 모든 것은 하나로 연결되어 있다는 것을 아는가?

카 라 전체 우주가 하나이고, 그래서 하나님이라는 표현도 있는 게 아닌가요?

치우천왕 태양과 지구는 멀리 떨어져 있고, 서울과 부산도 떨어져 있는데, 어떻게 하나라는 말이냐?

카 라 관념상 하나라는 말이 성립되지만, 자세히 설명하기는 쉽지 않겠네요.

치우천왕 그렇다. 머리로는 하나라고 알지만 그런 관념 외에 실제로는 어떻게 하나인지를 알아야 우리가 중요한 과제로 논의하고 있는 MS를 깊이 이해할 수가 있지.

카 라 그럼 그것에 대해 자세히 설명해주시겠어요?

치우천왕 그러자. 우선 초끈이론을 알지 않느냐?

카 라 우주는 진동하는 아주 작은 끈으로 이루어져 있다는 이론 말이지요? 크기는 10^{-33}cm로 실험과 검증을 할 수 있는 방법 자체가 없으므로 이론도 아니다라고 하는 그것이요?

치우천왕 그래. 궁극의 이론 혹은 만물이론이라고 할 수 있지만, 아직 과학은 아니다라는 초끈이론.

카 라 끈이론 연구자들은 '과학이론이 충분히 우아하고 설명이 가능하면 굳이 실험으로 증명하지 않아도 된다'며 옹호하고 있지만, 반대자들은 신랄하게 비판하고 있지요.

치우천왕 끈 이론은 쿼크를 이루고 있는 궁극의 이론으로 가설이지만, 가장 근원에 유사하게 접근한 이론이기도 하다. 실험으로 검증할 수 없다고 버리기에는 너무나 근사한 이론이지.

카 라 양자도약에 대해서도 왜 그런지 알 수는 없지만, 현상을 설명하는 것으로는 잘 들어맞기에 양자역학이 성립한 것처럼 끈이론도 계속 연구할 가치가 있다는 것이지요?

치우천왕 모든 이론은 다 그 역할을 해내고 있지.

카 라 최종이론이라는 게 있을까요?

치우천왕 있다.

카 라 뭔가요?

치우천왕 색즉시공 공즉시색이다.

카 라 예? 반야심경의 색불이공 공불이색 색즉시공 공즉시색이 최종이론이라구요?

치우천왕 다른 표현으로는 일체유심조다.

카 라 예? 또 일체유심조…. 어떻게 일체유심조가 최종이론이 될 수 있나요?

치우천왕 천동설이나 지동설, 뉴턴의 만유인력부터 전자의 이중 슬릿 실험, 슈뢰딩거의 고양이, 불확정성 이론, M 이론, 쿼크, 모든 소립자…, 초끈이론 등 계속 발전되어 온 모든 이론이 결국 인간의 호기심과 상념창조력이 상상하고 만들어 온 것이기 때문에 일체유심조가 최종이론이다. 신의 입자라는 힉스 입자도 그런 게 있을 것이라는 기대가 결국 힉스 입자를 찾아냈고, 빛보다 빠르다고 가상하는 입자 타키온이나 심령적 메시지를 가지고 있다고 생각되는 사이콘 입자도 결국 만들어낼 것이다.

카　라　햐! 그렇다면 일체유심조는 노벨상감이네요.

치우천왕　진리는 그런 세상의 칭찬과 노벨상에 무심하다.

카　라　…….

치우천왕　과학에서는 지식보다 상상력이 중요하다고 강조한 아인슈타인의 말을 상기해보면 좋겠구나. 축구도 레벨이 높아질수록 전술 대결에서 상상력이 더 중요해진다. 상상력이 곧 창조력이라는 것을 기억하기 바란다. 또한, 피카소가 "상상 가능한 모든 것은 이미 존재한다."라고 한 말의 의미도 되새겨 보기 바란다.

카　라　아인슈타인이 얘기하는 상상이란 생각실험이라는 것이지요?

치우천왕　옳다. 언젠가 아인슈타인이 긴 의자에 누워 눈을 감고, 사람이 빛의 속도로 움직이는 것을 머릿속에서 그려보았다. 이 흥미로운 상상 뒤에 그는 여러 가지 생각실험을 하기 시작했는데, 그냥 곰곰이 생각만 하는 것처럼 보였다. 그러나 몇 년 뒤에 자연이 스스로 아인슈타인의 뛰어난 통찰을 확인해 주어 전체 자연 과학계의 관점이 바뀌게 되었다. 이런 사실을 어떻게 무시할 수 있겠는가.

카　라　아인슈타인은 어려서도 소풍을 가서 친구들과 놀기보다는 흐르는 강물을 말없이 바라보았다지요. 그때 무슨 생각을 했을지 궁금하네요.

치우천왕 누워서 하는 상상이 온 세계를 변화시킨다는 사실을 보면 생각실험의 힘은 굉장히 거대한 것임이 틀림없다. 이 생각실험을 유용하게 정립한 것이 MMPS다. 사람의 생각은 질량이 있는 물질이고 그 크기도 명확히 있다. 무거운 생각은 10^{-30}g부터 가벼운 생각은 10^{-40}g정도이니 진동하는 초끈과 너무 흡사하지 않으냐(전자의 질량: $1me=9.109 \times 10^{-33}$cm)?

카 라 와우! 그렇게 비교해본다면 '생각은 물질이다'라는 개념이 보다 확실해지네요. 양자역학을 의미 있게 만든 플랑크 상수도 거의 비슷한 면이 있고.

$$\text{플랑크상수} h = 6.62607015 \times 10^{-34} J \cdot s$$

치우천왕 게다가 사람 생각의 주파수는 1초에 666,000,000,000,000Hz(666×10^{12} Hz)로 진동한다.

카 라 666은 계시록에 나오는 숫자 아닌가요?

치우천왕 그렇다. 666조(兆)Hz로 진동하는 사람의 생각이 물질만능 주의에 부정적이고 이기적으로만 흐른다면 이마에 짐승의 인(印)을 받는다는 그 주파수다. 송과선으로부터 전전두엽을 통해 방사되는 상념의 주파수.

카 라	생각의 파동이 우주 공간에 각인된다고 생각하니 좀 무서운 느낌이 드네요.
치우천왕	그렇다. 만물은 원자의 미세한 구조부터 잔디나 축구공이나 경기장의 공간도 모두 제각각의 고유한 주파수로 진동하고 있다. 사람의 생각이 다 다르고, 육체를 구성하는 성분의 미세한 차이와 기능과 조건도 다르듯이.
카 라	완전히 똑같은 것은 전혀 없다고 할 수 있겠지요.
치우천왕	그렇다. 매 순간순간 모든 물질의 이온화 현상 때문에 끊임없이 변하고 있다. 너무 미세한 차원에서 변화하고 있으므로 인간의 오감으로는 알아차릴 수 없고 지식과 지성과 오성의 마음으로 알고 있는 것이지.
카 라	그래서 지식과 지성이 필요하구요.
치우천왕	지금은 형이상학을 연구하는 소수의 사람과 수행자들만 알고 있는 마음의 우주적 지성과 에테르 에너지의 작용에 대해서 앞으로는 많이 알려질 것이다.
카 라	우리의 대화 내용이 주로 그런 면에서 이루어지고 있듯이요?
치우천왕	그렇지. 이런 생각과 대화 내용이 모두 우주도서관이라는 공간에 기록되고 있어서 알려고만 하면 모두 알 수 있지.
카 라	아카식레코드를 말함이지요?
치우천왕	그렇지.

카 라   일반인에게는 어려운 영역인데 더 쉽게 표현할 수 없을까요?

치우천왕   이렇게 얘기해보자. 오래된 사찰이나 성당에 가면 어떤 느낌이 들던가?

카 라   엄숙하고 거룩한 분위기가 느껴지지요.

치우천왕   왜 그럴까?

카 라   오랜 세월 동안 수행하고 기도한 에너지가 있기 때문이 아닌가요?

치우천왕   그렇지. 그 건물을 건축한 사람의 상념에너지도 녹아있고, 기도하며 수행한 사람들의 에너지도 진동장에 포함되어 있으므로 누구에게나 느껴지기 마련이다.

카 라   오랫동안 많은 사람들의 상념이 누적되어 있을수록 그 기운은 커지겠지요.

치우천왕   반면에, 살인사건이 일어났던 장소에 가면 무슨 느낌이 들겠는가?

카 라   생각만 해도 으스스한데요.

치우천왕   그렇지. 그 공간의 파동과 그대 마음의 파동이 공명하기 때문이다. 심리학에서의 싸이코메트리(psychometry)는 그런 파동을 측정하고 추적하여 알아내는 분야이고, 고대지혜에서는 다른 이름으로 부른다.

카 라   제가 다른 생각을 하면 금방 달라지겠지요. 즐거웠던 기억이나 앞으로의 희망 등에 대해서 생각한다면요.

치우천왕 그렇지. 상념은 시공간의 제약 없이 연결되어 있고 동시에 영향을 주고 받으니까. 그렇게 의식의 초점을 무엇에 두느냐에 따라 마음의 진동장이 달라지는 것이지. 마음은 생각하고 분석하고 판단하는 기능을 지니고 있지만, 동시에 육체의 뇌와 신경계를 통해 에너지를 느끼는 것에 민감하다.

카 라 그에 따라 희로애락 감정이 생기기도 하구요.

치우천왕 인간은 감정을 느끼는 영역이 매우 넓어서 희노애락애오욕의 7가지 대표적 감정으로 수만 가지 복잡미묘한 감정으로 분화하고 발전시켰다. 그런 의미에서도 인간은 창조주의 속성을 갖고 있지.

카 라 감정적인 영역뿐만 아니라 학문의 세계에서도 그렇고, 사회 각 분야에서도 계속 분화되고 발전하면서 복잡해지고 있지요.

치우천왕 그래서 인간이 공동창조자다.

카 라 맞아요. 좋은 거든, 나쁜 거든 뭐든지 만들어내는 데는 도가 텄지요.

치우천왕 신도 만들어내는 게 바로 인간들 아니냐?

카 라 니체의 '신은 죽었다.' 리처드 도킨스의 '만들어진 신'. 아르헨티나 선수 리오넬 메시를 축구의 신이라 부르고.

치우천왕 예전에도 많았다. 펠레는 축구황제라고 부르지만, 2002년에는 브라질의 호나우두와 포르투갈의 루이스 피구를 현존하는 축구의 2대 신이라고 불렀지.

카 라 그랬나요?

치우천왕 그렇게 신도 만들어내는 이유는 인간의 영혼이 바로 근원창조주의 분신이기 때문이다.

카 라 분신이라면 본질에서는 같다는 뜻이지요.

치우천왕 그렇다.

카 라 그런데 영혼을 어떻게 인식하고 설명할 수 있을까요?

치우천왕 그대가 바로 영혼이다. 이걸 달리 설명할 필요가 있을까?

카 라 나는 이런 모습의 육체를 가지고 먹고 생활하며 생각하는 인간일 뿐입니다.

치우천왕 그럼 10년 전의 그대는 지금 어디에 있는가?

카 라 …이 몸속에 그냥 녹아들어 있지요.

치우천왕 그럼 20년 전 30년 전, 그대가 태어날 때의 자기는 어디 있는가? 분명히 지금의 그대는 아니지 않는가?

카 라 그렇네요. 일갑자 넘게 60여 년 살아오면서 무수히 많이 먹고, 생활하고, 경험하며 살아온 세월이 모두 다 어디에 축적되고 있는지, 사라졌는지…, 아리러닉하네요.

치우천왕 영(靈, Spirit)이란 실재, 존재함 그 자체이고, 영혼은 절대자의 영 속에서 영을 통해 생각과 말과 행동으로 영을 표현해내는 실체다. 그게 영혼이 인간으로 탄생하여 살아가는 목적이다.

카 라 이렇게 살다 죽는 게 목적이란 말인가요?

치우천왕 살다 죽는 게 목적이 아니라 살면서 경험하고 깨닫고 진화하는 게 영혼이라는 뜻이다.

카 라 죽은 다음은요?

치우천왕 살면서 경험한 모든 모든 기억, 욕망, 깨달음, 사랑, 행복, 고통, 실패, 후회, 병듦, 참회, 새 희망, 등등 다양한 감정과 잠재력…. 그 모든 것의 총체가 자아이며 영혼이다. 죽은 다음에는 우주적 법칙에 따라 천국에 가든 지옥에 가든 아니면, 자신이 믿어온 대로 환생을 하든 양자컴퓨터보다 완벽한 우주계산법으로 정산되어야지.

카 라 영혼의 환생이라는 말인가요? 불교의 윤회론?

치우천왕 윤회론은 힌두교의 사상이 불교에 스며든 것이지, 부처님의 가르침에 윤회론은 없다. 너희 성경에도 영혼의 환생에 대한 암시는 여러 번 나온다. 사람들이 인식을 못 할 뿐.

카 라 …그럼 부처님의 영혼은 생로병사, 희로애락 모든 것이 허무함을 깨닫고 어디로 가셨나요? 극락세계에?

치우천왕 부처님은 어디에 가지 않았다. 지금 여기에 같이 있다.

카 라 안 보이는데요?

치우천왕 그건 부처님 영혼의 주파수가 그대와 다른 상태로 진동하고 있기 때문이지. 그대가 진정으로 볼려고 하면 볼 수 있다. 나를 불러내서 이렇게 대화하고 있는 것처럼.

카 라 …원한다고 나타난다면, 그럼 원치 않으면 나타나지 않

|치우천왕| 는다는 뜻이네요?

치우천왕 그렇지. 그러나 원치 않는 부정적인 것을 생각하는 자체가 에너지를 주어 나타나게 하므로 원하는 것만 생각하도록 유의하라. 코로나19와 같은 질병, 태풍이나 허리케인, 지진과 산불 등도 인류의 부정적인 상념들이 뭉쳐져서 나타나는 것이다. 태풍의 진로 변경과 산불의 진행 방향에도 사람들의 집단 상념이 작용하여 반응한다.

카 라 음~. 이해하기 쉽지는 않지만, 매우 중요하게 느껴지는군요.

치우천왕 '축구공은 답을 알고 있다'는 말을 아느냐?

카 라 엥? '물은 답을 알고 있다'는 책과 '꽃은 알고 있다'는 책을 재미있게 읽어보았는데, '축구공은 답을 알고 있다'는 생뚱맞게 느껴지는데요.

치우천왕 물이 인간의 상념을 느끼면서 입자의 구조가 변하는 것으로 반응하듯이 양자장의 차원에서는 축구공도 선수들의 킥을 온몸으로 받으면서, 잔디에 구르면서, 바람의 저항을 받으면서 매 순간의 상황을 알고 있다고 얘기하면 지나친 비약일까?

카 라 …물은 답을 알고 있다는 것에 대해서 많은 사람들이 증명할 수 없다고 하여 유사과학이라는 표현을 쓰는데, 그건 어떻게 생각하시나요?

치우천왕 물의 입자가 변하는 순간을 촬영하는 조건이 까다로워서 일반인들은 쉽게 볼 수 없었다. 그러나 2018년 2월 인터넷 자료에서 포스코 대학의 연구진이 더 쉽게 촬영할 수 있는 방법을 개발했다고 했으니 앞으로는 수월하게 촬영할 수 있겠지.

카 라 　식물도 인간의 생각에 예민하게 반응한다는 게 알려져 있는데 어떻게 그럴 수 있는 건가요?

치우천왕 　물도, 식물도 원자로 이루어져 있는데, 원자의 정신세계를 먼저 이해해야겠구나.

카 라 　원자의 정신세계라구요?

치우천왕 　그렇다. 더 극미의 세계로 들어가면 원자를 구성하고 있는 전자와 양성자, 중성자 등 모든 소립자도 그들만의 에너지와 정보를 갖고 있기 때문에 그런 반응을 나타내는 것이다.

카 라 　소립자들도 지성을 갖고 있다는 말은 믿기 어렵군요.

치우천왕 　알다시피 물의 분자식은 H_2O 인데, 왜 불타는 성질의 수소 원자 2개와 불타는 산소 원자 한 개가 결합해서 불을 끄는 물질이 되는지 과학적으로는 어떻게 이해하는가? 아인슈타인이 평생을 발견하고자 노력했던 통일장 이론은 이미 존재하고 있는 것인데, 그가 양자론을 부정했기 때문에 통일장 이론을 완성하지 못했다.

카 라 　후아! 양자론을 부정했기 때문에 통일장을 완성하지 못했다는 말은 충격적이네요.

치우천왕 그렇다. 부정성은 그렇게나 파괴적으로 작용하지. 중세 유럽의 흑사병·스페인독감·홍콩 독감·사스·메르스…. 최근 세계 경제를 마비시키고 있는 코로나19 같은 사태도 인간의 부조화와 두려움, 이기심과 부정성이 동물을 통해 바이러스에 스며들어 인간을 공격하는 것이다.

카 라 정말 믿을 수가 없네요. 인간들은 이성을 갖고 있으면서도 왜 그리 어리석은 짓을 많이 하는지…. 이제 어떻게 해야 하나요?

치우천왕 바이러스 변종은 미래에 더 심각하게 닥칠 수 있으니 전 세계 수십 개의 생화학 연구소 가동을 중단하고, 자연을 소중히 사랑하며, 인간 본성을 회복하는 데 더 심혈을 기울여야 한다.

카 라 이런 사태에서 배울 점은 무엇일까요?

치우천왕 공장이 멈추고 인구 이동이 급감하니 지구가 쉴 수 있게 되어 대기가 많이 깨끗해졌다. 무분별한 해외여행을 자제할 필요성도 깨닫게 되고, 공중위생과 봉사하는 이웃들의 소중함도 알게 되었지.

카 라 국가 간의 패권경쟁·기업들의 과도한 경쟁으로 환경을 파괴하면 인간에게 부메랑이 되어 돌아온다는 것을 깊이 깨달아야겠지요.

치우천왕 아울러 일반 질병과 바이러스에 가장 강한 면역력은 빛의 보호막임을 아는 것도 필요하지.

카라	빛의 보호막은 평화·사랑·건강·지혜·풍요·생명 같은 긍정적인 의식의 빛으로 만들어지기에 가장 강력한 보호막이 된다고 믿어도 될까요?
치우천왕	굳이 믿으라고 하진 않겠다만, 성경에도 그런 말이 있지 않으냐?
카라	"믿음은 바라는 것들의 실상이요 보이지 않는 것들의 실체다."라는 구절이요?
치우천왕	그렇지. 사람은 보이는 것을 믿는다고 생각하지만 실제로는 믿고 있는 것을 보는 것이지. 그래서 믿지 않는 것은 알 수도 없고 보이지 않는다.
카라	월드컵 우승을 믿으면 그렇게 된다는 것을 얘기하는 건가요?
치우천왕	진심으로 믿으면 그렇게 되지.
카라	믿으면 믿는 거지 진심으로 믿는다는 건 또 뭔가요?
치우천왕	너희들은 말로는 믿는다고 하지만 가슴속 깊은 곳에까지 믿는 경우는 드물다. 돌멩이를 들고 "이건 빵이다. 이건 빵이다."라고 수천 수만 번을 외치고 자기최면이 되어 믿는다 한들 돌멩이가 빵이 되겠느냐? 그건 관념상의 믿음이지 진정한 믿음이 아니라는 말이지.
카라	그럼 예수님이 물로 포도주를 만들고 오병이어 기적을 일으킬 수 있었던 것은 진심으로 그렇게 될 것을 믿었기 때문인가요?

치우천왕 예수님은 그렇게 만들 수 있는 원리에 대한 지식과 지혜가 있었기 때문에 그냥 아는 것을 행했을 뿐이다.

카 라 예수님은 그런 지식과 지혜를 어디에서 배울 수 있었나요?

치우천왕 예수님은 특별하게 태어나기도 했고, 요셉이 속해 있던 에세네파는 그런 고대 지혜를 간직하고 있었다.

카 라 영지주의를 말하는 것인가요?

치우천왕 영지주의도 일부에 속하지.

카 라 흠~. 너무 종교적인 얘기는 그만하고 월드컵 얘기로 집중하지요.

치우천왕 그건 종교적인 얘기가 아니라 우주의 창조 원리와 법칙이 실제로 현실에 작용함을 말하는 것인데, 그대들에게는 종교적인 것으로 여겨지니 그만하고 월드컵 우승을 얘기하자.

카 라 월드컵 우승도 그냥 말로만 믿으면 소용없다는 뜻이지요?

치우천왕 그렇다.

카 라 그러면 어떻게 해야 진정으로 믿을 수 있나요?

치우천왕 내면에서 진정으로 믿을 수 있는 근거와 도구가 있어야 한다.

카 라 근거와 도구라니요?

치우천왕 우승하는 방법을 확실히 알고 있어야 진정한 믿음이 생긴다는 것이지.

카 라 전 세계의 어떤 팀이라도 확실하게 우승할 수 있다는 방법이 있을까요?

치우천왕 있다. 있으니까 그대가 나를 불러내었고, 우리가 이렇게 논의하는 거 아닌가?

카 라 그런 극히 미세한 양자의 세계는 양자물리학에서 실험으로 검증하고 인정하여 학문으로 성립되고, 예수님의 기적은 종교인들이 사실로 받아들이지만, 우리 현실에서는 어떻게 실제로 알 수 있을까요?

치우천왕 극미 세계와 거시 세계는 밀접하게 연결되어 하나로 맞물려 돌아가지만, 서로 작용하는 영역이 다르다. 마치 헌법이라는 큰 틀 안에서 민사법과 형사법이 다르게 적용되는 것처럼.

카 라 양자 세계와 물질 세계에서 작용하는 방법이 다르다는 건가요?

치우천왕 그렇지. 물질의 기본 구조는 원자가 분자로 결합해 아주 단단하게 조직되어있는데, 인간의 이기적인 상념이나 욕망으로 쉽게 부서지거나 변형된다면 세상이 어떻게 유지되겠는가?

카 라 그럼 상념의 양자적 성질을 우리가 쉽게 이용한다는 것은 관념에 불과한가요?

치우천왕 그렇지는 않다. 원자핵의 크기가 전자의 숫자를 결정하고, 원자핵을 단단하게 결속하고 있는 강한 핵력을 형이상학에서는 Spirit(靈)이라고 하는데, 이 Spirit이 사실상 만물이론이라는 통일장이다. 우주를 창조하고 유지하며 새롭게 재창조하고 있는 힘이지.

카 라   기독교에서 말하는 성령(Spirit)과 같은 말인가요?

치우천왕   같은 용어이지만, 서로 의미하는 바는 다르지.

카 라   같은 용어인데, 왜 의미하는 게 다를 수 있나요?

치우천왕   그건 젊은 연인이 생각하는 사랑과 80세 연륜 있는 노인이 말하는 사랑처럼 의미가 다르다고 할 수 있다.

카 라   고 김수환 추기경이 "머리에 있는 사랑이 가슴에 내려오는 데 70년이 걸렸다."라고 한 의미이기도 하겠네요. 6살짜리 여자아이가 "나, 아빠하고 결혼할래." 하는 것과 30대 젊은이가 결혼하겠다는 의미가 다른 것처럼요?

치우천왕   그렇다. 이해와 경험의 차이, 우주를 이해하는 무한한 인식의 차이라고 할 수 있겠지.

카 라   그럼 우주의식을 이해하지 못하는 보통 사람은 양자적 에너지를 활용할 수 없나요?

치우천왕   보통 사람도 양자적 에너지를 볼 수 있고, 손으로 만질 수도 있고, 활용할 수도 있다.

카 라   예? 정말이요?

치우천왕   지구의 생명력은 태양으로부터 기인한다. 태양에서는 많은 에너지가 쏟아져 들어오는데 가시광선도 그중의 일부이지.

카 라   가시광선이 있기 때문에 우리가 사물을 볼 수 있구요.

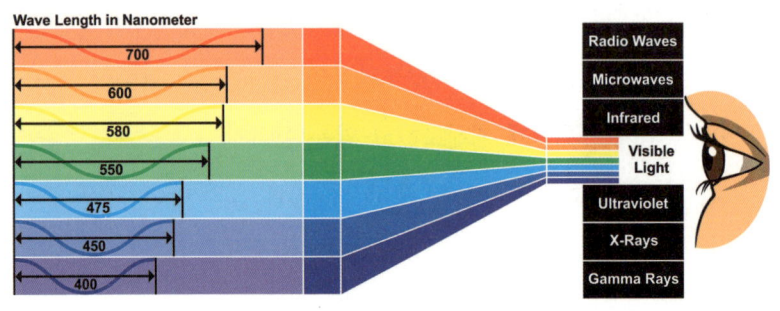

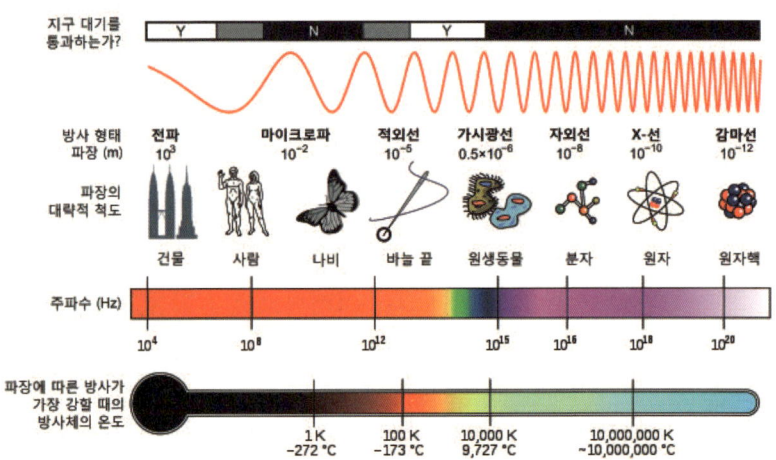

전자기 스펙트럼

카 라	알려주세요.
치우천왕	지금 태양을 등지고 하늘을 바라보아라.
카 라	이렇게요?
치우천왕	그렇지. 공간의 1.5미터 정도를 그냥 물끄러미 바라보고 있으면 하얀빛의 알갱이가 움직이는 것이 보일 것이다.
카 라	(잠시 후) 아, 보이네요. 막 움직이는데요. 밤하늘에 유성이 꼬리를 내면서 떨어지는 것처럼, 아니 올챙이같이 꼬리

	를 내면서 마구 움직이네요. 점점 굉장히 많이 보이네요.
치우천왕	그게 신지학 용어로는 태양으로부터 오는 '생명 소구체'라는 것이다.
카　라	생명소구체.
치우천왕	한 개의 빛 알갱이는 7개의 작은 빛 입자가 서로 연결되어 있지.
카　라	7개는 안 보이고 한 개로만 보이는데요.
치우천왕	투시력이 개발되어야 보이니까 보통 사람에게는 하나로 보이지. 그게 아원자 입자로써 에테르 에너지의 한 종류이다.

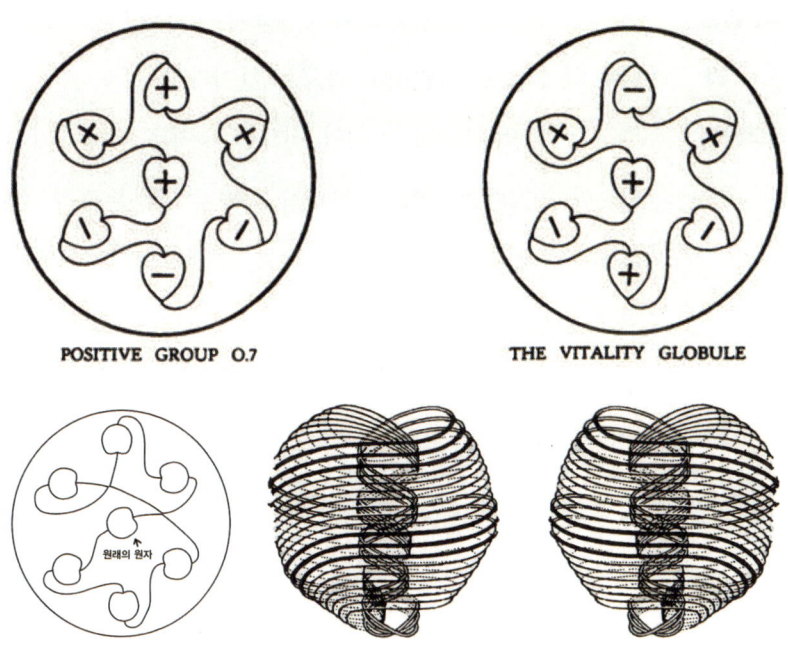

[상단, 좌] 생명소구체　　[우] 물질의 궁극원자 +− 아누

카 라		태양이 지면 밤에는 어떤가요?
치우천왕		낮보다 개수가 줄어들고 활동성은 떨어지지만, 여전히 존재하지. 흐린 날에도 그러하고. 자꾸 보면서 숙달되면 밤에도 보이고 실내에서도 볼 수 있다. 즉, 전편재성에너지(全遍在性, Omnipresence)[16]이다.
카 라		그 생명 소구체가 하는 일은 무엇인가요?
치우천왕		너희 육체의 차크람을 통해 스며들어 생명력을 보충하고 유지시켜주는 역할을 한다.
카 라		차크라는 인도 요가 체계에서 들어보았는데 차크람은 처음이네요.
치우천왕		서로 작용하는 주파수 영역이 다르다.
카 라		너무 복잡한 건 그만하고 축구로 돌아가지요.
치우천왕		축구는 멘탈게임이고 MS의 정묘한 영역을 이해하려면 필요한데 그대의 멘탈력이 아직 미치지 못하는구나. 다음에 좀 더 깊게 들어가도록 하자. 원자핵의 주위를 돌고 있는 전자(electron)도 육안으로 볼 수 있고 조절할 수도 있다. 양자 에너지의 극미 세계와 물질 우주의 거시 세계를 연결하고 양쪽에 작용하는 핵심 인자가 인간의 멘탈이라는 것만 기억해두거라.
카 라		그러지요. 양자적 에너지를 만질 수 있다는 것은 어떻

---

16 전편재성에너지(全遍在性, Omnipresence): 우주 어디에나 있는 절대자의 편재성(偏在性)

	게…?
치우천왕	약간 어두운 실내에서 등 뒤에 약한 조명이 비치도록 하고, 무릎에 검은색 천을 놓거나 검은색 바지 위에 양 손가락을 붙였다가 3센티 정도 떨어지게 두어라. 손가락 사이를 보고 있으면 희미한 회청색의 자기력이 서로 연결되고 있음을 볼 수 있다. 지금 해보거라.
카 라	(방의 불을 끄고 똑같이 해봄) 아, 보이네요.
치우천왕	그게 자기력이다.
카 라	그럼 만져지는 것은 어떻게 하지요?
치우천왕	양 손바닥을 둥글게 하고 10센티 정도 떨어져 마주 보게 한다. 천천히 멀어지게 벌렸다가 가까이 해보아라.
카 라	(실제로 해봄) 아~, 가벼운 풍선공처럼 느껴지네요.
치우천왕	그건 신경계의 민감한 느낌으로 적외선 파장의 에너지를 느끼고 만질 수 있다는 의미이다.
카 라	그렇군요. 기(氣)라고 표현해도 될까요?
치우천왕	일반인들에게는 기라는 표현이 쉽게 다가오겠지. 그 자기력흐름 에너지에 사랑과 치유의 상념에너지를 실어 질병을 치료하고 원격치유하는 것이 가능하다.
카 라	예전에 할머니가 배를 쓸어주며 "할머니 손은 약손." 하시던 기억이 나네요.
치우천왕	누구에게나 그런 치유력이 있다. 자세한 것은 차차 배워 나가기로 하자. 그 자기력에 팬들이 응원하는 상념에너

지를 실어 선수들에게 보내주면 실제 경기력의 증강으로 작용할 수 있지.

카 라 와우! 팬들의 열광적인 응원으로 선수들에게 심리적인 힘을 보태주는 것만이 아니라, 경기력의 향상으로까지 도움이 된다면 굉장한 일인데요?

치우천왕 그렇다. 에너지-질량 보존의 법칙을 실제로 활용해야지.

카 라 그럽시다요. 물과 식물이나 사람은 그렇다 해도 축구공은 어떻게 그런 작용을 하는 건가요?

치우천왕 축구공도 많은 자기력을 띠고 있다. 축구공을 구상하고 만들면서 스며드는 제작자의 상념 자기력, 선수들의 발과 교감하며 쌓이는 자기력, 경기장에 구르며 발생하는 자기력, 선수들의 모든 집중을 받는 자기력, 경기장에서 많은 관중의 시선을 끌어모으는 자기력, 지역과 민족 간 팬들의 애증과 갈등을 머금고 있는 자기력, 전 세계 수천 수억 명의 시선을 집중시키는 자기력 등등 아주 많은 자기력을 품고 있다. 최고의 선수들은 공이 몸에 붙어 다닌다고 표현하지 않느냐? 축구를 사랑하고 축구공을 사랑하기 때문에 공과 선수의 자기력이 서로 끌어당겨 주는 것이다.

카 라 그걸 측정할 수 있을까요?

치우천왕 심장 박동의 에너지장도 수 미터까지 측정할 수 있으니 정교한 자기 측정계를 이용하면 축구공마다 가진 자기력

을 측정할 수 있을 게다. 그러나 축구공은 절대 무심의 균형을 지니고 있기 때문에 인간들처럼 감정적으로 대응하지 않고 에너지 작용의 법칙에 정확하게 반응한다.

카 라 축구가 멘탈게임이라는 것에 초점을 맞춘다면 축구공이 선수의 멘탈에 정확히 반응한다는 것인가요?

치우천왕 그렇지. 경기장의 잔디조차도 선수들의 멘탈에 호응한다면 믿겠는가?

카 라 예? 잔디가 선수들과 호응한다구요?

치우천왕 그렇다. 축구화로 움푹 파인 잔디에 발이 미끄러지는 선

수도 있고, 공이 불규칙하게 바운드 되는 경우가 바로 그런 것들이다.

카　라　선수들은 잔디에도 예쁘다고 말해주며 고맙다는 인사를 해야겠군요.

치우천왕　당연하다. 예전에 맨땅에서 축구경기를 하던 시절을 생각해보면 잔디가 얼마나 고마운 존재냐?

카　라　하긴, 그라운드에서는 넘어지면 까져서 상처를 입기 십상인데, 잔디는 그런 게 없고 폭신하니 느낌도 좋지요.

치우천왕　너희는 닭에게도 감사해야 한다.

카　라　엥? 닭이라니요? 치느님 말인가요?

치우천왕　그렇다. 너희들 대부분은 치킨을 좋아하지 않느냐?

카　라　좋아하지요. 특히 치맥! 음~ 그 고소한 냄새와 바삭한 맛과 쫄깃하니 씹는 맛이 일품이죠. 거기에다 축구를 보며 마시는 시원한 맥주는 그야말로 환상적인 궁합이죠.

치우천왕　인간들에게 그런 즐거움과 영양을 제공하기 위해 비좁은 양계장에서 사육되는 닭들의 고통을 생각해 보았는가?

카　라　음….

치우천왕　비단 닭뿐만이 아니라 모든 가축과 생명체들에게도 '너희들의 희생에 고맙다'는 정도의 마음만을 표시해도 그들의 집단 영에게는 위안이 된다.

카　라　음~.

치우천왕　사냥이나 낚시를 생계로 하는 것은 괜찮지만, 취미로 생명을 죽이고 자랑하는 것은 과보가 따라서 훗날이 좋지 않다.

카 라 흠~.

치우천왕 경기장의 잔디에 진심으로 반갑다는 인사를 하며 감사의 마음을 표시하게 되면 잔디의 상태가 경기에 도움을 줄 것이다.

카 라 잔디가 어떻게 일부러 도움을 줄 수 있나요?

치우천왕 경기 중 선수들은 잔디가 축구화에 파인 곳에 살짝 미끄러지거나 공이 불규칙 바운드 되어 실수하는 경우들이 자주 발생한다. 잔디 상태의 미묘하고도 작은 차이가 직접 움직여 도움을 주는 것은 아니다. 선수의 감사하는 마음이 조화롭게 정화되면 무한한 자연 조직력의 순조로운 흐름이 잔디와 공이 충돌하는 그 지점에 작용해서 자신에게 유리한 운으로 작용한다는 것이다.

카 라 그래서 천지 만물과 화합하라는 뜻인 것 같은데, 불화하면 운이 나빠진다는 뜻도 같고, 알 듯 모를 듯 아리송하군요.

치우천왕 차츰 알게 될 것이다. 심덕승명(心德勝命, 마음의 덕을 쌓으면 운명도 개척할 수 있다는 뜻)이라는 4자 성어도 있지. 어떤 상황에서도 화합하는 것이 덕을 베푸는 행위이고, 그 덕이 쌓이면 운으로 작용한다. 잔디나 축구공만이 아니라 월드컵 대회 자체도 전 세계인의 멘탈에 반응하고, 정확한 에너지 총량의 법칙에 따라 영향을 주고 받지. 그러므로 협회에도 감사하라.

카 라   대한축구협회나 월드컵대회 자체는 생물이 아닌데요?

치우천왕   움직이는 생물은 아니지만, 협회는 국가 기관이 아닌 순수한 민간단체이면서도 국민들에게 즐거움과 희망을 주어온 단체이다. 또한, 오랜 기간 수많은 사람들의 노고를 바탕으로 세워진 단체이며, 지금도 많은 관계인이 봉사하고 있기에 감사를 받을 자격이 충분하다. 그 점은 월드컵대회 자체도 마찬가지다.

카 라   음~ 그렇군요.

치우천왕   그대들은 지구의 환경을 보호하고 공해문제를 해결하기 위해 더욱 적극적으로 나서야 한다. 다시 얘기하지만 소르젠(Soregen)에너지와 그 기술에 관해 관심을 갖고 많이 연구하라. 그런 행위도 평소에 덕을 쌓고 운의 흐름을 자연스럽게 만들어 나가는 행동이다. 그렇게 천지만물과 화합하는 심령에너지가 축적되면 적절한 때에 기적과 같은 연금술사의 위엄을 발휘하게 되는 것이다. 그러므로 승리했을 때는 패배한 팀에게 감사하라.

카 라   예? 왜 패배한 팀에게 감사해야 하나요?

치우천왕   패배한 팀이 전력을 다해 열심히 뛰어주었기 때문에 승

	리가 빛나는 것 아니냐. 그러므로 감사해야지.
카 라	흠~.
치우천왕	너희가 패배했을 때는 승리한 팀에게 박수를 보내며 감사하라.
카 라	아니, 어떻게 우리를 패배시킨 상대 팀에게 감사를 보낼 수 있나요?
치우천왕	너희는 패배로 인해 단점을 발견하고 겸허함을 배우면서 더 강한 팀이 되어갈 것이기 때문이다.
카 라	전적으로 수긍하기는 어렵지만, 그것도 운을 좋게 하는 멘탈의 일환이겠군요.
치우천왕	그렇다. 지금은 서로에게 감사한다는 개념이 어색하겠지만, 아름답고 황홀한 미래의 축구는 그렇게 되어갈 것이며, 발전지향적인 멘탈이란 그런 것이다. '나는 운이 좋다'고 생각하며 감사하는 에너지는 운을 끌어당기는 매트릭스가 된다. 운이 좋고 행복한 사람은 감사가 많은 사람이다. 삶이 불행하고 힘든 사람은 감사가 없는 사람이다. 그러니 서로 감사하고 덕분이라는 사회의 패러다임을 만들어보아라. 만일 여당과 야당이 서로에게 감사한다면 세상이 얼마나 빠르게 좋아지겠느냐? 그대가 세상에 준 것보다 세상으로부터 무료로 받고 있는 것이 수백 수천 배나 많다.
카 라	그렇기는 하네요. 가족·지인들과 세상·자연으로부터 공

짜로 매일 받는 것이 훨씬 더 많네요.

치우천왕 그게 절대자의 은총이고 대자연의 섭리다.

카　라 긍정적이고 낙관적인 멘탈이 절대 유리하다. 현재의 실력이 최고가 아니라도 최고인 것처럼 생각하고 말하면 된다는 뜻도 성립될까요?

치우천왕 현실을 있는 그대로 말하는 습관이 있으면 언제까지나 현실은 그렇게 유지된다. 말은 창조력이 있기 때문이지. 그러므로 미래의 가능성에 대해서만 생각하고 말하라.

카　라 현실을 부정하라는 얘기인가요?

치우천왕 현실을 부정하라는 게 아니고, 할 수 있다는 가능성에 대해서 말하라는 것이다.

카　라 예를 든다면요?

치우천왕 초등학생도 잘 알다시피 발명왕 토머스 에디슨은 어려서부터 말이 느리고 더듬었기 때문에 학교에서 놀림감이지 않았느냐? 그런데 에디슨의 엄마는 그런 에디슨에게 "괜찮아. 너는 머리가 너무 좋아서 말이 따라가지 못하는 거야."라고 하며, 부정적 측면은 보지 않고 긍정적 측면을 말해줌으로써 에디슨이 탐구심을 잃지 않도록 격려해주어서 위대한 발명왕이 되었지.

카　라 알베르트 아인슈타인도 어려서 구구단을 못 외워 선생님께 혼나고 성적표에는 "이 학생은 장차 어떤 일을 해도 성공할 수 없을 것으로 판단됨."이라는 혹평을 받았지요. 그렇지만 그의 엄마 파울리네는 오히려 "애야, 넌 남과 아주 달라서 특별한 능력을 갖추고 있단다. 네가 남과 같아서야 어떻게 성공하겠니?"라며 격려해주었고 결국 역사적인 천재과학자의 업적을 남겼다는 얘기지요.

치우천왕 그렇다. 교육심리학 용어에 로젠탈 효과도 있다.

카 라 무작위로 추출된 20%의 초등학생들에게 '너희들은 머리가 좋다'라는 암시와 기대가 실제로 현저한 성적 상승의 효과를 불러온 사례를 말하지요.

치우천왕 그러므로 국가대표팀 선수들뿐 아니라 모든 선수들에게도 근거 있는 격려와 기대를 보내준다면 분명히 좋은 성적을 올릴 수 있다는 얘기지.

카 라 피그말리온 효과도 있고 칭찬은 고래도 춤추게 한다는 표현도 있네요.

치우천왕 비슷한 의미로 자기충족적 예언도 있다.

카 라 물은 답을 알고 있다는 의미도 물에게 기도하고, 고마워, ~해주세요, 사랑해 등의 좋은 상념을 보내면 물의 입자가 아름답게 반응하고, 미워, ~하지 못해, 짜증 나 등의 부정적인 표현을 하면 일그러진 물의 입자 반응을 보이는 현상을 말하는 것으로 마찬가지 표현이겠죠.

치우천왕 그래서 팬들이 선수들을 비난하는 것은 매우 좋지 않은 태도이다. 근거 없이 비난하는 행위는 선수들의 사기를 저하시키고 에너지를 다운시키기 때문이지.

카 라   물론, 선수가 일탈 행위를 한 경우에는 이유 있는 비난이 아닐까요?

치우천왕   핑계 없는 무덤이 있더냐? 그는 그 역할을 했을 뿐이다.

카 라   일탈행위도 역할을 했다구요?

치우천왕   잘못을 눈감아주라는 얘기가 아니라, 부정적인 측면을 너무 부각하지 말고 긍정적인 측면과 가능성에 주의와 에너지를 집중하라는 얘기지.

카 라   월드컵이 열리기 전에 세계적인 도박사들이 내놓는 우승 확률에 대해서는 어떤 멘탈을 가지는 게 좋을까요?

치우천왕   관심을 가질 가치가 전혀 없다.

카 라   가치도 없다구요?

치우천왕   그렇다.

카 라   아주 많은 사람들이 관심을 가지며 돈을 걸고 재미있게 생각하는데요.

치우천왕   그런 인터넷 베팅업체들이나 도박사들의 행위는 펠레의 저주처럼 부정적인 결과를 초래할 뿐 우승을 위해서는 아무런 도움이 되지 않는다.

카 라   로젠탈 효과에서의 격려와 기대는 좋은 향상을 가져오는데, 도박사들의 예측과 기대는 왜 부정적인 결과를 가져오는지 그 이유는 뭔가요?

치우천왕 중요한 질문이구나. 분명히 다르다. 로젠탈 효과는 스스로 잘하고 있다는 심리적 동기 부여를 주며 뇌세포를 활성화시키지만, 도박사들의 기대는 승부에 따른 이익이 걸려있기 때문이다. 승리확률이 높으면 무의식적인 자만과 방심을 불러오고, 승리확률이 낮으면 부지불식간에 스스로 그걸 인정하듯 자기 비하감을 초래하기 때문이지.

카　라 음~. 도박사들의 예측에 관심을 가지면 안 되겠군요.

치우천왕 그건 가십거리를 좋아하는 대중들의 입맛에는 맞아도 선수들에게는 마이너스다.

카　라 그럼 월드컵 우승에 긍정적인 효과를 가져오는 방법에는 무엇이 있을까요?

치우천왕 아주 많지.

카　라 하나하나 살펴볼까요?

치우천왕 '2022년 카타르월드컵 대한민국 우승'이라는 화보나 브로마이드 같은 인쇄물을 만들어서 자주 보고 많은 사람이 볼 수 있도록 홍보하는 것도 좋겠지.

카　라 보물지도처럼 시각적 효과를 노리라는 거죠?

치우천왕 보물지도 플러스 거울 뉴런 효과다.

카　라 거울 뉴런 효과?

치우천왕 사람은 마음속에서 보는 것을 생각하게 되고 생각하는 것을 끌어당긴다.

카 라 끌어당김의 법칙인가요? 아니면 염력이 작용하는 건가요?

치우천왕 생각의 진동장이 그에 공명하는 에너지를 끌어당기기 때문이다.

카 리 같은 깃털의 새들이 모인다는 유유상종의 자기력이네요.

치우천왕 그렇다. 그러므로 한국이 월드컵 우승하는 진동 에너지장에서 생각하고 느끼고 말하며 행동하라. 유럽 축구에만 너무 열 올리지 말고.

카 라 예?

치우천왕 지금 많은 한국 축구팬들이 하는 것처럼 유럽 축구를 동경하고 에너지를 거기에 쏟으면 에너지작용 법칙에 따라 유럽 축구는 점점 더 기운이 커지고, 상대적으로 한국 축구는 기운이 작아진다는 것은 상식이 아니겠느냐?

카 라 유럽 축구는 무엇보다도 재미있잖아요?

치우천왕 재미있어서 즐기는 것이야 누가 뭐라 하겠는가? 단지 한국의 월드컵 우승을 원한다면 그에 맞는 생각과 행동을 해야 한다는 뜻이다.

카 라 팬들은 자기가 좋아하는 선수가 뛰는 경기를 많이 보게 되고, 그 리그와 클럽을 좋아하는 게 당연한 권리라구요.

치우천왕 팬들의 당연한 권리는 인정한다. 다만 팬들에게도 한국 축구를 위한 어떤 행동이 필요하다는 말이지.

카　라	구체적으로는 어떤 행동이 있을까요?
치우천왕	한국의 유튜버 중에도 상당히 식견 높은 사람들이 있다. 그들이 올리는 동영상의 내용에 한국 축구를 비중 있게 다루면 좋겠지. 이 책의 내용을 바탕으로 월드컵 우승을 디자인해보는 것도 좋은 시도가 될 것이야!
카　라	무료로 다양한 콘텐츠를 제공하는 유튜버들 많지요. 『날아라 슛돌이』부터 『뭉쳐야 산다』와 같은 TV프로그램, 『으라차차 만수로』, 『군대스리가』 같은 프로그램도 있고, 스포츠 채널들, 그 외에도 재미있는 동영상들이 많고 칼럼들도 활성화되어 있으니, 의도적으로 한국 축구의 위상과 멘탈 에너지의 밀도를 높이라는 뜻이지요? 유럽 축구 동영상이 5분짜리 1개라면, 한국 축구 동영상은 7분짜리 2개를 더 자세하게, 그런 식으로 만들어 팬들에게 서비스를 제공하는 방식으로요.
치우천왕	그렇지.
카　라	한국의 모든 축구팬들이 곰곰이 생각해봐야 할 과제라고 할 수 있겠네요. 매일 수없이 재방송되고 있는 경기 장면들도 매번 새로운 멘탈에너지를 응축시켜 가는 방법이 좋겠네요. 과거의 경기에서 플러스에너지를 추출하여 미래 경기에 시너지를 낼 수 있는 MS기법도 좋구요.
치우천왕	그렇다. 유럽의 빅리그는 만원사례인데, 한국 축구는 A매치를 제외하고는 K리그가 왜 관중이 적은지도 함께

고민해보는 게 필요하다. 방송담당자들의 생각과 언어에서도 희망과 의지, 방법과 결단의 멘탈 파동이 시청자들에게 스며들도록 의도적으로 기획하는 것도 좋겠지.

카라 함께 고민해보죠. 그것도 멘탈게임의 일부니까요.

22. 월드컵 우승의 진동에너지 장을 키워라 그리고 즐겨라

치우천왕 자, 1권의 내용을 마무리해보자. 무엇이라고 생각하는가?

카 라 우승을 확고한 목표로 세우자는 것이 결론이지요.

치우천왕 "목표가 없는 사람은 목표가 있는 사람을 위해 평생 일해야 하는 종신형에 처해져 있다."라는 브라이언 트레이시의 말을 곰곰이 생각해보아라.

카 라 그 말은 월드컵우승국의 영광을 위해 다른 나라들은 들러리를 서는 데에 불과하다는 생각이 드네요. 마치 "꿈이 없는 사람은 꿈이 있는 사람을 위해서 살아야 한다."는 말처럼요.

치우천왕 우승에 국한하여 해석한다면 그 말도 일리가 있지만, FIFA는 축구문화 보급을 통해 전 세계에 선한 역할을 많이 수행하고 있다.

카 라 그렇기는 하지요.

치우천왕 우승을 위해 언제까지나 경기력을 향상시키려고 노력하는 갖가지 에너지에 더하여 '우승 자체의 에너지'를 농축시켜 가는 게 중요하다는 뜻이다.

카 라 콜럼버스의 달걀처럼 길과 목표를 하나로 보고 결단하라는 것이죠. 다른 것들은 주석에 불과하고 목표를 향

	해 따라온다는 것.
치우천왕	대한축구협회가 대표팀의 경기력을 향상시켜가는 모든 노력의 화룡정점이 될, '우승 그 자체를 목표'로 진동에 너지장을 키워가는 게 제일 중요하고 핵심이다.
카 라	지금부터, 그리고 매 순간에 월드컵 우승을 갈망하고, 우승을 목표로 하고, 우승하는 에너지로 훈련하고 살아라. 그것이지요?
치우천왕	그렇다. 월드컵 본선 1달 전에 소집훈련을 시작하며 우승을 각오한다는 것은 맨땅에 헤더처럼 힘들지 않겠느냐?
카 라	1달 전에 소집 훈련하면서 우승하기는 계란으로 바위 치기처럼 어렵겠죠?
치우천왕	본선 조별 추첨 이후 6개월간 우승을 준비한다는 것은 부족한 시간이다. 1년이라면 좀 더 나은 기간이지만, 왜 2년, 3년 준비하면 더 확실히 우승할 수 있는데 결단을 미룰 이유가 무엇이냐? 지금 시작하고 점차로 완벽해져라. 이런 MS 방법으로 매번 준비하며 연중 내내 소집 훈련하는 효과를 누적시켜나간다면 앞으로의 모든 국제 대회에서 한국이 압도적으로 우승할 수 있을 것이다.
카 라	와우~ 모든 국제대회에서 우승할 수 있다니 놀랍군요!
치우천왕	결국, 월드컵 우승은 선수들과 지도자들이 흘린 땀의 양으로 결정되는 게 아니라, 그 땀에 스며든 에너지, 즉 노력해온 선수들과 지도자, 가족, 협회와 팬들, 그리고 모

든 국민의 정신자기력에 스며든 에너지의 총량과 질로 결정된다고 말할 수 있겠지.

카 라 그렇겠지요. 일생에 한 번쯤 월드컵 우승에 목숨을 걸고 도전해볼 가치는 있겠네요. 그렇지요?

치우천왕 굳이 목숨을 걸 필요는 없지 않겠느냐? 즐겨라!

카 라 즐기라구요? 아하! 소풍을 가기 전부터 이미 즐거운 상상을 하게 되는 것처럼, 성탄절이 다가오기 한 달여 전부터 준비하며 즐거운 것처럼 즐기라는 것이군요.

치우천왕 그렇다. 월드컵 우승을 꿈꾸는 것을 즐기고, 우승에 도전하는 과정에서 얼마나 많은 것들을 즐길 수 있는지에

대해 생각하라. 그러한 것들을 생각하고 아이디어들을 나누면 나눌수록 엔도르핀이 솟아나고, 더더욱 많은 플러스 요소들을 끌어당기게 됨을 체험할 것이다.

카　라　그게 결국 멘탈의 차이라는 것이구요.

치우천왕　그렇지. 한국 선수들과 팬들이 '국민과 함께 하는 협회'를 적극 지지하고, 열정적으로 그 과정을 더 많이 즐길수록 월드컵대회에서 다른 팀들은 '왜 우리가 졌지?'라며, 이유를 모른 채 대회를 마치고 돌아갈 것이다. 축구는 멘탈게임이고, 월드컵대회는 전 세계인의 멘탈대전이라는 명제가 확실히 이해됐기를 바란다.

카　라　이해되었습니다. 감사합니다.

치우천왕　한국 축구팬들의 DNA가 변하기 시작하고, 축구 꿈나무들의 DNA가 더욱 활성화되면서 1년 내내 K리그와 월드컵축제를 즐기는 집단지성 문화가 융성해지기를 바라노라.

카　라　그리될 것입니다. 백범 김구 선생의 '나의 소원'이 생각나네요. "오직 한없이 가지고 싶은 것은 높은 문화의 힘이다. 문화의 힘은 우리 자신을 행복 되게 하고, 나아가서 남에게 행복을 주겠기 때문이다…. 나는 우리나라가 남의 것을 모방하는 나라가 되지 말고, 이러한 높고 새로운 문화의 근간이 되고, 목표가 되고, 모범이 되기를 바란다. 그래서 진정한 세계의 평화가 우리나라에서, 우리나라로 말미암아서 세계에 실현되기 원한다."라고 했는데요.

치우천왕 한국이 2022년 카타르월드컵에서 우승하면 한국인들의 행복과 자존감이 어디까지 상승하고, 얼마나 많은 세계인들이 한국을 진정으로 다시 생각하게 될지 상상해보기 바란다.

카 라 정말이지 상상만 해도 가슴이 뛰고 짜릿하기 그지없네요.

치우천왕 한국의 월드컵 우승으로 축구가 어찌나 재미있는 게임인지, 올림픽 경기들은 얼마나 인류에게 소중한지 다시 한번 확인되고 스포츠의 진정한 가치가 재조명되기를 바라마지 않는다.

카 라 그렇게 되겠지요.

치우천왕 혼자 하려 애쓰지 말고 가능한 주변의 사람과 함께 하라. 우주는 모두가 하나라는 것을 상기하면서 오마하의 현인 워런 버핏이 한 말을 떠올려보자. "내일 아침 신문 1면에 나올만한 일에 전념하라."

그럼 2권에서 보자.

카 라 사커니아와 지니를 같이 데려오시기 바랍니다.

치우천왕 그대가 진정한 마음으로 부르면 같이 오지 않겠는가? 허허허.

카 라 아 참, 그렇지요. 하하하!

한국의 붉은 악마들에게 고함

 한국의 붉은 악마들이여! 대표팀을 사랑하는 그대들의 열정으로 대한민국의 영광된 미래를 열어나가라.

 위대한 하늘 민족의 후예들이여! 그대들의 뛰어난 감성으로 세계인들에게 지속적인 영감을 주어라.

 한국 축구를 사랑하는 붉은 악마들이여! 월드컵 우승은 여러분의 결단에 달려있다. 협회에 요청하고 지인들과 함께 협력 곡선의 힘을 발휘하라.

 사랑하는 붉은 악마들이여! 여러분의 아름답고 순수한 마음으로 월드컵 우승에 앞장서라. 새 한국을 이끌 정치인들이 탄생하도록.

 중국, 러시아, 일본 같은 아시아 열강을 뛰어넘는 한국이 되도록 공정하고 단호한 MS로 대처하라.

사회현상이 어지럽고 취업도 어려워 헬 조선이라고 비하하는 일부 젊은이들이여, 여러분 조국의 모든 선조가 흘린 피와 땀을 무시하지 말라. 그들의 정신을 왜곡하지 말라. 긍정적이고 발전지향적인 한국을 상상하라.

제3세계 국민의 고통과 허덕임에 손을 내밀어라. 그들도 여러분과 같은 절대자의 분신들이다.

미국을 비롯한 선진국과는 긴밀하게 지내되, 그들에게 의지하려고 생각하지 말라.

북한에 햇볕정책을 지속하되, 여러분의 명확한 평화통일 의지를 MMPS로 각인시키라.

신성한 영혼들이여! 그대들의 고귀한 가치관으로 홍익인간 재세이화의 우주적 형제애를 실현하라.

3·1혁명과 촛불 혁명을 이뤄낸 위대한 의식들이여! 그대들 가슴속 빛의 원천으로 세상을 밝게 비추라. 가장 아름다운 생각을 품고, 삶에서 일어날 수 있는 가장 놀라운 비전을 상상하라.

나 치우천왕이 대한민국의 번영과 항구적인 세계 평화가 정착되기를 함께 기원하며 축복하노라.

2권을 준비하며

명확한 근거가 있는 확신은 우리가 가질 수 있는 가장 가치 있는 자산이다. 우리가 성공할 것이라는 사실을 안다면, 아무것도 그것을 막을 수 없다.

이 책은 『소원을 들어주는 도깨비 마법사 지니』가 실제로 작동한다는 하나의 예증이다. 여러분 누구든지 자신만의 치우천왕이나 알라딘 램프의 지니를 갖고 싶다면 위 책을 읽어보시기 바란다.

2권에서는 축구 요정 '사커니아'가 등장하여 한국 선수들을 빠르게 월드클래스로 만들어 가는 MS 기법을 소개한다. 동시에 세계적인 선수들을 한 명 한 명씩 MS로 마크하여 우세를 점하고, 세계 강호들을 한팀 한팀씩 MS로 제압하여 승리하는 진동에너지장을 활성화한다. MMP(정신자기력)을 강화할 수 있는 여러 가지 방법과 일상에서의 구체적인 활용법들을 다채롭게 디자인하여 제시한다. 또한 "먼저 이겨놓고 승리를 구한다."는 멘탈 병법의 핵심 내용을 상세하게 서술한다.

2권 목차

1. 한국인이여! 가슴 뛰는 삶을 살자
2. 멘탈 자기력을 강화하는 12가지 기법
3. 선수 개개인의 기량을 극대화하는 MS 기법들
4. 세계적인 선수들을 한 명 한 명씩 제압하는 MS 전술
5. 세계 강호들을 한팀 한팀씩 제압하는 MS 전략·전술
6. 연중 내내 대표팀 소집 효과를 낼 수 있는 특별한 MS 전략
7. 상대 팀에 견제당하는 멘탈 자기력을 해체시키는 MS 기법
8. 멘탈 자기력을 일상생활에 적용하는 다양한 사례와 방법들
9. 멘탈로 즐기는 힐링 스포츠 33선
10. 일상에서 벌어지는 투시와 텔레파시를 알아차리는 기법

 3권에서는 알라딘의 램프에서 출현한 지니와 함께 카타르 경기장들을 홈구장처럼 만드는 MS의 메커니즘으로 다양한 이벤트를 동원하여 작동시킨다. 한국월드컵 우승이라는 미래의 에너지장을 응축시켜 현실로 나타나게 하는 에너지 작업을 실행하고, 한국 축구 철학정

립을 위한 밑그림으로 축구의 미래가치를 모색하고자 한다.

3권 목차
1. 카타르에 한국응원단의 에너지장을 형성하는 3가지 방법
2. 카타르 경기장들을 홈구장처럼 만드는 에너지 3가지 기법
3. 매 경기 방어막을 치고 강화시키는 3가지 MS 기법
4. 경기할 때마다 공격력을 증강시키는 응원에너지 전달 기법 3가지
5. 월드컵 특수를 가동시키는 실질적인 아이디어들
6. 잠재력 계발과 인류 진화의 최고 비밀 송과선에 대한 정보
7. 스포츠 천재를 잉태하는 태교법과 양육법의 MS
8. 한국축구철학 정립을 위한 고찰
9. 월드컵 우승으로 세계의 리더국이 되는 한국의 역할
10. 100년 후 가장 바람직한 대한민국과 세계의 모습

〈제안〉

한국이 2022년 카타르월드컵 우승하고 세계 축구초강국으로 도약하기 위해서는 다양한 요소들이 더 많이 병합되고 융합되는 것이 필수적이다. 이 책의 내용을 계기로 MS에 관한 많은 논의와 활발한 토론이 있기를 바라며, 더 완벽한 MS를 만들어 가기 위해 독자 여러분들의 근거 있는 비판과 건설적 대안을 기다립니다. 아울러 MS를 적극 활용하여 바르셀로나, 바이에른 뮌헨같이 국가대표 주전 선수가 4~5명 이상 되는 K리그 빅클럽들이 나오길 기원합니다. 그리고 이 책의 행간을 읽은 유튜버들과 TV제작진, 그 외에 구단과 MS에 관해 관심 있는 분들께 제공할 필자의 다양한 콘텐츠와 구조화된 프로그램들이 준비되어 있음을 알려드립니다. (필자 이메일: ilmuin@naver.com)

끝으로 다시 질문드립니다. 2022년 카타르월드컵에서 한국이 우승할 수 있다면, 지금부터 무엇을 어떻게 하시겠습니까?

부록1 - MS 교육프로그램

MS 맞춤식 프로젝트 - 개인특성, 조직상황, 영역별 메타인지 혁신
(피지컬 + 마인드 + 스피릿 + 소울 파워업 플랜)

팀 에이스 심상프로그램 - 전인적 프로그램
일기 쓰며 집중력 향상하는 기법
순발력, 스피드 증강 플랜
지구력 강화 지속 기법
물, 음식, 보약 활용법
논리와 지성 활용법
기도와 오라의 비밀
심폐기능 향상 호흡법
이미지트레이닝 레벨업 기법
꿈과 자기 암시를 활용하는 기법
감정을 정화, 감성을 향상하는 명상법
완전한 건강, 최상의 컨디션을 유지하는 열쇠

〈개인별 특성을 강화시키는 기법〉
1. 시각효과가 우세한 시각형에 적합한 플랜
2. 소리에 민감한 청각형을 향상시키는 플랜
3. 신체 감각에 잘 반응하는 촉각형에 좋은 기법
4. 감정과 감성지능이 발달된 의식 투사형 플랜
5. 생각보다 즉각 반응하는 직감 발달형 플랜
6. 논리적 분석력이 발달된 지성형 최적의 기법
7. 수용적 감응형 성격의 특장점 활용하는 플랜
8. 좌우뇌 균형 발달된 융합형을 활용하는 명상법

9. 의지를 강화하고 세밀히 사용하는 영혼 파워업
10. 코끼리처럼 몸을 강하게 만드는 삼야마(Samyama)명상법

MS 팀 빌딩& 리빌딩, 경기력 붐업 플랜
1. SNS로 원팀 정신 구축
2. 이미지호흡으로 원팀 응축
3. 선수들 개개인의 축구 지능 향상법
4. 잠재의식으로 구단이 하나 되는 명상법
5. 서포터즈의 힘을 응축하여 폭발시키는 방법
6. 가족 성원, 팬들의 성원을 에너지로 전달하는 방법
7. 응원, 함성의 소리 파동으로 경기력 향상시키는 기법
8. 선수단 전체의 축구지능을 공명하여 붐업하는 플랜
9. 지도자의 축구 지능은 왜, 언제, 어떻게 향상되는가?
10. 명품 구단, 명품 인생을 사는 목표는 어떻게 달성 가능한가?

월드클래스 로드맵
프로와 대표팀으로 가는 길
몰입으로 레전드 능력을 성취하는 기법
멘탈& 마그네틱 힐링법 – 멘탈 근육 강화 프로그램
    즉각 변화의 자신감, 성취감, 기쁨, 행복, 평화 에너지장 진동법
    인간관계: 가족.부부.연인. 사랑의 멘탈 파워 프로그램
    근무환경, 조직 리더십& 파트너십 구축 생산성 혁신
삼야마(Samyama) 수행법 – 공간의 마음에너지 조절 수행법
    잠재된 멘탈포스를 창조적 멘탈파워로 폭발시키는 MS 매직
    자아 발견, 천재성을 계발하는 직관.영감.통찰력의 MS 매직

MS 면역력 최강, 빛의 보호막 프로그램
빛의 입방체, 피라미드, 플라톤입체, 태양 명상, 완전호흡법 3단계

코리안 발롱도르 수상 플랜 1, 2, 3단계

태극전사 500 프로젝트

아리안 500 프로젝트

부록2 - 아리안 500 프로젝트
한국을 세계의 제 1 강국으로 변화시키는 프로젝트

평 화
010-2231-9977
sita3@naver.com

Physics물리학 | Psychology심리학 | Metaphysics형이상학

형이상학의 원리, 법칙, 공식에 대한 연구와 적용을 한평생 실험하고 검증해온 실행가이며, 수신제가치국평천하를 모든 국민이 달성가능하도록 도와주는 도우미

01. 핵심 역량

PART 1
명상가
기획 전문가
경영 전문가
Intuition Developer
잠재력 계발 전문가
브레인 계발 전문가
전문가 양성인

PART 2
신기술개발
이종기술융합

신기술개발 비용, 시간 단축
신제품 시장성 및 리스크 예측
R&D 팀구축, 리스크 예측
브레인 훈련 및 융합

02. 하는 일
중견기업 CEO 리더십 교육
전문 관리자 양성
경영 전문가 양성
기업의 핵심 브레인 양성
두뇌 융합 및 잠재력 계발
기업의 생산성 증대
직관 경영
영재, 천재 교육
프로젝트 전문가 양성

03. MAGIC MONEY 일반 교육 프로그램
1. 현실적인 생산성 증가
2. 지니를 통한 잠재 능력 계발
3. 두뇌 역량 계발
4. 조직의 생산성 증가
5. 영업 역량 증가
6. 기업 비용의 단축
7. 다중 지능 계발
8. 다양한 힐링 기법
9. 몰입의 역량 증가
10. 사업의 확장과 발전에서 공명 원리
11. 이미지 트레이닝의 다양한 응용
12. 다양한 에너지의 운용과 활용
13. 꿈에서 원하는 것을 창조하기
14. 현실을 변화시키는 가상현실 기법
15. 기적을 만드는 쓰기의 기법

16. 문제의 핵심을 파악하는 직관 기법
17. 꽃과 보석의 마법
18. 꿈을 실현하는 마법사 되기

04. 솔루션

1부. 핵심 솔루션
개인 두뇌 융합, 조직 두뇌 융합
프로젝트 융합
이종기술 융합
최 단기 신기술 개발
신제품 기획, 시장성 예측, 리스크 예측
R&D 분석 및 리스크 예측
경영 난맥 진단
영업력 빅뱅 프로그램
생산성 업그레이드

2부. 업무총괄 프로젝트
직관계발 : 직관계발, 리스크 예측, 사업통합, 프로젝트 융합
전략기획 : 기업의 미래 핵심사업 전략기획, 신기술 개발
직관경영 : 경영분석과 리스크 관리
경영컨설팅 : 기업의 신전략 구축
브레인구축 : 핵심브레인 구축, 신제품 개발팀 구축, 2인자 구축
핵심역량+ : 기업의 핵심역량 및 연동적 부서역량을 업그레이드
전략브레인구축 : 전략기획 및 뉴브레인 조직 구축 회사 가속화
프로젝트팀구축 : 기업의 신규 프로젝트팀 구축
TF팀 구축 : 기업의 특수 목적 TF팀 구축
사업발굴 및 제안 : 미래 사업 아이템 발굴 및 제안
영재교육 : 전문적인 역량을 발굴하고 장기적으로 교육 및 역량 구축

3부. 종합 솔루션
1. 핵심역량 업그레이드 업무
전문가 네트워킹, BRAIN(핵심인력) Maker, 경영 컨설턴트

2. 전문가 500인 네트워킹 프로그램 및 구축
- 전문 멘토링
- 핵심 역량 강화
- 직관 경영
- 전문 사업 기획
- 경영 컨설팅
- 천재 경영
- 전문가 발굴 및 훈련
- 영재 발굴
- 전문 인성 교육
- 창의력– 리더십 교육

3. 전문가 발굴 및 연계 프로그램
1) 주된 경력
   - 전문 브레인 교육 및 두뇌 활성화 프로그램 계발
   - 기획 업무
   - 기획 경영 관리 업무
   - 전문 경영 컨설팅

2) 주요 계발 프로그램
   - 브레인 발굴 시스템 ;
     인재들의 적재적소 배치 원칙에 따라 내재된 핵심역량 발굴
   - 브레인 육성 시스템 ;
     브레인의 장점에 따라 프로그램 계발
   - 브레인 잠재 두뇌 계발 시스템 ;
     브레인 두뇌 활성화 프로그램 진행
   - 브레인 잠재 두뇌 활성화 시스템 ;
     입체적인 여러 연계 프로그램 가동
   - 브레인 시너지 시스템 ;
     브레인의 단점인 독립성을 서로 연계시키는 시스템 구축
   - 브레인 NETWORK 시스템 ;
     기업의 프로젝트에 따라 기업이 원하는 ITEM에 필요한 브레인(천재)의 발굴 및 훈련 프로그램
   - 특수 프로젝트 시간 및 경비 단축 시스템

3) 기업 프로그램
- 개인, 조직, 기업의 핵심역량 및 BRAIN역량 계발
- 한국형 벤처 시스템 계발
- 한국형 조직 성장 모델 계발
- 개인 및 조직의 잠재역량 계발
- 두뇌의 잠재된 영역의 계발 및 훈련
- 기업의 생산성 및 목표 달성을 위한 TASK FORCE팀의 구축 및 훈련
- 조직의 시너지 최대화 계발
- 기업의 연구 개발 속도 가속화 프로그램 계발- 조직의 브레인 (천재) NETWORK 시스템 계발

4) 일반 프로그램
- 리더십 프로그램
- 감성 영업 프로그램
- 책임자 과정
- 중간 관리자 과정
- 생산성 향상 프로그램 등 다수의 프로그램

〈참고서적〉

『소원을 들어주는 도깨비 마법사 지니』, 평화, 생각나눔, 2018.

(위 책 권말에 소개된 270여 권의 참고서적)

『왓칭』1·2, 김상운, 정신세계사, 2011.

『생각의 지혜』, 제임스 앨런, 물푸레, 2010.

『생각의 비밀』, 김승호, 황금사자, 2017.

『생각 연습』, 에드워드 드 보노, 한울, 1994.

『생각이 실력이다』, 야베 마사아키, 솔트앤씨드, 2014.

『내가 상상하면 꿈이 현실이 된다』, 김새해, 미래지식, 2014.

『끌어당김의 힘』, 에스더 & 제리 힉스, 나비랑북스, 2010.

『에이트』, 이지성, 차이정원, 2019.

『가슴 뛰는 삶을 살아라』, 다릴 앙카, 나무심는사람, 2006.

『무지개원리』, 차동엽, 위즈앤비즈, 2007.

『우주심과 정신물리학』, 이차크 벤토프, 정신세계사, 1987.

『우주의식의 창조놀이』, 이차크 벤토프, 정신세계사, 2001.

『현대물리학이 발견한 창조주』, 폴 데이비스, 정신세계사, 1998.

『현대물리학 입문』, 한명수, 전파과학사, 2015.

『최종이론의 꿈』, 스티븐 와인버그, 사이언스북스, 2007.

『우주 만물의 최종이론』, 최태군, 형지사, 2018.

『물질의 궁극원자 아누』, 문성호, 아름드리미디어, 2016.

『홀로그램 우주』, 마이클 텔보트, 정신세계사, 1999.

『마음의 미래』, 미치오 가쿠, 김영사, 2015.

『퀀텀유니버스』, 브라이언 콕스&제프 포셔, 승산, 2014.

『명상하는 자가 살아남는다』, 바산트 조시, 물병자리, 2012.

『명상 처음이자 마지막 자유』, 오쇼, 태을출판사, 2013.

『뇌, 생각의 출현』, 박문호, 휴머니스트, 2008.

『Newton 뇌와 뉴런』, 아이뉴턴, 2018.

『Newton 파동의 사이언스』, 뉴턴코리아, 2010.

『Newton 빛과 색의 사이언스』, 뉴턴코리아, 2010.

『통합심리학』, 켄 윌버, 학지사, 2008.

『초자연』, 라이얼 왓슨, 도서출판 인간사, 1991.

『1만 시간의 재발견』, 안데르스 에릭슨, 로버트 풀, 비즈니스북스, 2018.

『스포츠심리학의 이해와 적용』, 정청희 외, 혜민북스, 2018.

『에너지 의학』, James Oschman, 군자출판사, 2007.

『슈퍼유전자』, 디팩 초프라 외, 한문화, 2017.

『스포츠 유전자』, 데이비드 엡스타인, 열린책들, 2015.

『최강의 멘탈』, 루이S. 초카, 부키, 2018.

『축구 철학의 역사』, 조나단 윌슨, 리북 2011.

『My Turn』, 요한 크루이프, 마티, 2016.

『꿈★은 이루어진다』, 조선일보 취재부, 조선일보사, 2002.

『12가지 코드로 읽는 한국 축구』, 김용진 외, 나무와숲, 2016.

『황홀하고 격정적인 한국축구를 위하여』, 장원재, 북마크, 2010.

『1등 축구팀을 만드는 비결』, 김기호, 도서출판사람들, 2017.

『K리그 구단 경영 어떻게 하지?』, 김기호, 사람들, 2019.

『마음의 자석』, 뤼디거 샤헤, (주)열음사, 2009.

『전등록』, 월운(옮긴이), 동국역경원, 2008.

『우아하고 호쾌한 여자축구』, 김혼비, 민음사, 2018.

『축구전술노트 108』, 츠나미 사토시, 삼호미디어, 2018.

『무엇이 세계 최고 선수를 만드는가』, 박민호, 그리조아, 2017.

『좌익축구 우익축구』, 니시베 겐지, 한스미디어, 2016.

『88연승의 비밀』, 존 우든& 스티븐 제이미슨, 클라우드나인, 2014.

『관점을 디자인하라』, 박용후, 쌤앤파커스, 2018.

『긍정의 멘탈 트레이닝』, 김병준·천성민, MSD미디어, 2017.

『스포츠에 날개를 달다』, 박영곤, 도서출판벗, 2018.

『목표 그 성취의 기술』, 브라이언 트레이시, 김영사, 2003.

『무한능력』, 앤서니 라빈스, 씨앗을 뿌리는 사람, 2005.

『온통 손자병법』, 화산, 뿌리와 이파리, 2016.

『천부경』, 최민자, 모시는 사람들, 2009.

『상념체』, C.W.리드비터& A.베산트, 화이트벨쿰, 1992.

『에텔체』, A.E.포우웰, 화이트벨쿰, 1993.

『영혼의 마법사 다스칼로스』, 1·2·3, 키리아코스 C 마르키데스, 정신세계사, 1985.

『Occult Chemistry』, C.W. Leadbeater&Annie Besant, KESSINGER PUBLISSING, 2010.

https://archive.org, The Secret of Light, Walter Russel, 2008.

「송과선의 수행원리와 그 활성화 방법에 관한 연구」, 김희정, 공주대학교 대학원 석사학위 논문, 2018.

(그 외)